紫微斗數論鬼神

周星飛 著

過往花絮——梁若瑜

民國七十五年，夏夜晚飯後，連襟欲往某濟公神壇問明牌而相邀為伴。茶餘飯後，反正閑也閑著，欣然共行。

連襟一路敘述該濟公神壇明牌極準，香火鼎盛。到達目的地，果然人聲沸鼎。連襟謂余，既來之則安之，促掛號，不問明牌也可以問事。

好吧！我就問斗數學習是否能更上層樓？叫號到我，師父問：人皆想錢問明牌，獨你與眾不同，問啥事？答：問斗數學習，名師何處覓？

但見師父慢條斯理，倒酒三杯命我喝，云：喝了才說！

喝畢，師云：該有的師緣都經過了，剩下的自己好好用心悟吧！

天啊！斗數的路是這麼難走，一路來是悟了些許道理。挽鏡自憐，白髮蒼蒼矣！

剩下的心願是：我不要後學者走冤枉路，我不要後學者以不正確的命理自誤誤人，因果律是如影隨形。

學習過程之二三事

梁若瑜老師有幾個奇人異士、打坐修行的朋友。有一次，一群人就在大排檔裡吃東西，就聊天啊！那大家就起哄，請梁老師算命。其中一個說：「老梁，來算算，我什麼時候修行會進步吧！」（算修行會進步，有那個門派能算？）

算啊！算的時候，其中一個就說：「老梁，你祖師來看你了。你的祖師希夷先生在你的頭上，身穿道袍，戴個高帽，道袍胸口中間有個太極圖。你剛才說的話，是你祖師爺說的。」

梁老師一開始就覺得：「你們胡說什麼，這些都是我自己算的。」

後來，梁老師捫心自問，很多命理都是靈光乍現而說的，難道都是自己功夫厲害嗎？還不都是祖師的加持。

所以，梁老師認為唯有祈求祖師加持，努力學習斗數，才有可能獲得命理上的進步！

還有另一則故事。

那裡面也有一個研究中醫的朋友，醫術也很了得！

然後梁老師也是算啊算的。剛才那個看得到的人，又發言了！

「某人啊，白衣菩薩來看你了！」

「白衣菩薩來看我？」

「是啊，他說要我傳達一件事，就是幾十世之前，白衣菩薩跟你都是研究中醫的同學，但是在用藥上產生分岐點。白衣菩薩認為，絕不用動物入藥，但是你堅持一定要動物入藥，所以，你現在還在六道輪迴裡打轉。」

當場，那位中醫朋友趴在大排檔的桌上，嚎啕大哭起來，久久不能自己。一念天堂，一念地獄。慈悲之心，不只在對人，而且也包含所有的有情眾生。起心動念不同，造成不一樣的後果！不可不慎！

自序

從二〇〇五年十一月開始跟梁若瑜老師學飛星紫微斗數，上課時，當然會聽梁老師講很多命例，免不了就會有些稀奇古怪的事。子曰「怪力亂神」，佛曰「不可說」，是不能說？還是不敢說？還是怕說錯？

子曰「敬鬼神而遠之」，那就表示鬼神是真有其事了？真的有我們人類無法察覺、感覺、認知的鬼神世界？我們的六根「眼耳鼻舌身意」無法察覺，但是又確實存在？儘管存在，卻不能說？為何？我想，「敬鬼神而遠之」是主要的心態。

回過頭來說。課堂上會說到一些鬼神之事，從命盤上就能看見的。所以希夷先生發明、發現這個紫微斗數，其實不只包括了天地人而已，還包括了鬼神？是也？非也？如果不是，那怎麼能從命盤上看見鬼神的事？如果是，那為何從沒有人敢說？或是說得清楚？難道把這個鬼神之事說清楚很困難嗎？

我捫心自問，寫這個題目也真的是困難的。畢竟，我們以六根「眼耳鼻舌身意」來解釋或是理解這件事，幾乎是不可能的。除了能通靈的人，我們這些凡人是無法說清楚講明白、無法理解無形的鬼神因果之事。

但是，我個人又常常覺得這個題目講清楚、學清楚了，除了能把斗數的層次提高更上一層之外，也讓世人知道鬼神是存在的。紫微斗數就像顯微鏡、光譜分析儀，能把微細近於隱形的事物看清楚一點點。紫微斗數不是只看妻友子財的學問。據說，紫微斗數一開始是看道士的修行的天分、能修到什麼程度及什麼時候開悟。

學習十年的心得，常常覺得現在的紫微斗數變成娛樂產業，心中有點遺憾。雖然有心想把斗數再提升，但是鬼神論真的難寫，怕寫錯，就是完全理解錯；怕寫誤，理解不完全，解釋得不好，文字上有缺失。寫錯寫誤，誤人子弟，遺毒後世，罪過大矣！但是，不寫又覺得難過跟遺憾。所以，只能邊祈求祖師加持邊下筆。

難怪孔夫子說：「敬鬼神而遠之。」怕得罪鬼神啊。

難怪：「子不語怪力亂神。」因為怕亂了人心。

累積了近十年的上課跟教學、看命盤的經驗，從命盤見鬼神之事，也經常遇到。因為是確實存在的事，那就可以寫了，絕對不是我個人鬼扯淡出來的，不是拿來嚇唬人的。不是無中生有，那下筆去寫絕對沒問題，只是心中怕寫錯、寫誤。

所以，基本上小心下筆，心存善念，多祈求祖師，得罪鬼神的事，應該就能減少到最低了。想到這裡，下筆就更有勇氣了。

周星飛 二〇一六年 丙申年 筆

導讀：紫微斗數的概念及用法

紫微斗數號稱五大神數之首，至少，就我的認知上，紫微斗數除了個人的命運、造化之外，還能看「風水、擇日、陰陽、五行、疾病、鬼神」等。所以號稱五大神數之首，有其道理存在。此書的主旨在說明，如何從紫微斗數的命盤上，了解「鬼神」的存在，以此做為溝通陰陽二界的橋樑，讓算命師盡力調和「陰陽」，其中包含「人與人的恩怨情仇」、「人跟鬼的恩怨情仇」、「人跟地的恩怨情仇」、「人跟各路神明的因緣關係」等等。能盡力把怨、仇都抹平而雙方皆放下，讓善法、善念、修行的人能夠多一點。怨怨相報何時了?唯有雙方放下，才有好的結果。「盡力調和陰陽」是這本書的目的。

孔子說：敬鬼神而遠之。但是，今天卻要從命盤去了解鬼神。為何?不了解，說敬或說不敬，就容易變成迷信。相信鬼神跟不相信鬼神的雙方就容易吵成一團，各持己見。如果了解命盤，就能了解鬼神的存在，自然就會恭敬，就能少了迷信的成分。

本書的主要重點還是在於「鬼神」，但是會兼雜說明風水、擇日、疾厄、工作、賺錢等等。全書的架構先描述鬼神、修行等相關概念，再用許多實際命例，說明各種命盤上的相關問題。使每位學習紫微斗數的朋友，能夠了解這看不見又真實存在的世界。

目錄

第一篇　紫微斗數在鬼神、修行的相關概念

紫微斗數由易經演化而來，《周易・繫辭上傳》：「易與天地準，故能彌綸天地之道。仰以觀於天文，俯以察於地理，是故知幽明之故。原始反終，故知死生之說。精氣為物，游魂為變，是故知鬼神之情狀。」

要了解鬼神在命盤上如何呈現，先把神明、鬼妖、修行相關的飛化重點講一遍，有了命理概念跟架構，配合上實際命例就更容易了解。相關重點說明如下。

一、修行、神明

一、持戒：父母、遷移見「廉貞忌、貪狼忌、武曲忌」的飛化

但是也可能是亂象，當爛人一個。遷移父母多忌，待人處世、思考邏輯也容易「初一十五」不一樣，一下子往東，一下子往西。或是在家當宅男女，不善長交際應對。

二、耐餓（一日不作一日不食）

夫妻宮有忌，耐餓、不想吃東西，或是吃飽就容易拉肚子，或是整天沒辦法吃東西。總之是「肚子裡沒東西可以消化」。夫妻宮有忌的人，可以辟穀、斷食。

三、聰明

第一種是父母宮有祿，ＩＱ高，記憶力強，常微笑，容易有長輩的貴人，適合上臺。或遷移宮有祿，ＥＱ高，應變力強，圓融處理人事物。適合在社會上打滾，闖盪江湖。結交五湖四海的朋友。

父母屬先天記憶力是ＩＱ。

遷移屬後天應變力是ＥＱ。

所謂的聰明人，必然是父母、遷移見祿，就容易聰明而伶俐，頭腦好，反應力強。

第二種是遷移祿入交友、父母、子女，這一種人競爭力強。比如說很會猜題，也容易得好名次。會跟能讀書的人打好關係，借筆記來看。考試未必分數高，但是卻名列前茅。考試不是看分數高低，是看排名高低。所以，考試得了九十九分未必第一名，五十九分也未必是落榜生。一切看錄取的名額，跟排名的名次而已。考第二名，只錄取一個，也是落選。考九十九名，錄取九十九個，也是上榜。

四、修行力的飛化

命福德疾厄子女，飛化「貪狼祿忌」，喜歡佛、道、所有修行的事，喜歡山醫命卜相、武功、瑜加之類的事。忌能執著、困擾、阻礙，祿是博覽群書、有貴人、有機遇、有緣分。執著而有機遇，常常能修到小成以上。

命宮、福德宮、疾厄宮、子女宮交貪狼祿忌。

福德宮戊貪狼祿入交友，疾厄宮癸貪狼忌入交友。

福德宮的貪狼祿說明對五術的興趣廣泛，比如八字、紫微、梅花等。福德宮也是精神層面，又是果報。我喜歡命理這個學問，還能執著的學習，不放棄。疾厄宮的貪狼忌是說，學習上身體會投入而執著。

反過來說福德宮的貪狼忌，是指對說某一樣五術執著，疾厄宮的貪狼祿會變成有空再隨性的學習（比較輕鬆的學習）。忌是專一，祿是廣泛、隨意、好機會。

五、成為算命先生的緣分

1. 任何一宮只要宮干是「戊」，都是「和貪狼有緣」，比如說遷移宮、父母宮干是「戊」，容易學習算命，教學、教育、廚藝之類的科目。官祿宮、財帛宮的宮干是戊，容易從事算命、教學、教育、廚藝有關的工作。所以，以算命來說，每個人貪狼祿的緣分不同，未必同樣的命盤就一定都是算命先生，也未必算命先生都一定是貪狼祿。這個要從命例去收集才會知道。

2. 跟巨門祿、天梁祿有關的。二者都是「口才好的星」。業務、算命、老師、律師、歌手，都跟這二個星有相關的。

3. 天機祿是軍師、企劃、動腦能力強。（CPU運算的強）。會計、算命、設計等，都跟這個星有關。

六、神明的概念

1. 神明的種類之分：天梁祿權，最高等。貪狼是修行。天同是卜卦、風水。太陰是女神。太陽是官位官職，天上人間地獄裡都有當官的。武曲是武將，關公為代表。巨門是「門神、護法」（門口衛兵、門神）。文昌是文字官，以文昌帝君為代表，拿筆、劍、小刀。文曲是墨。硯。廉貞是偏財、演藝。紫微是貴族、紫氣。天機是算數、企劃、軍師。左輔、右弼是輔助星；左輔科、右弼科，科在數字上是三，像三位一體的組合；關公旁的關平、周倉，就是如此。西方三聖也是如此，又稱彌陀三尊，指的是西方極樂世界三尊主要的佛菩薩，即教主阿彌陀佛，和他的左脅侍觀世音菩薩、右脅侍大勢至菩薩，也是三位一體的組合。

2. 四化的定義來說：祿是圓滿，權是權勢，科是禮貌；忌是歪了、錯了、沒有了。

貪狼祿權是「仙」，貪狼忌是妖。

太陽祿權是「神」。忌就是不見天日的陰物。

神是有官位，仙是沒有官位。但是，有些仙是有官位的，不過都類似「兼差」的性質。武曲也是正財神，廉貞是偏財神。破軍是大財神。貪狼是才藝、專業能力的財神，魯班之類的。

太陰祿權科是女神類。度母，媽祖、金母、王母、觀世音菩薩等女神類的神明。

太陽祿權可能就是男神。

文昌是正史，文曲是小說。

天同是土地公、協調公、醫神、壽星延壽。

天機祿權科主智慧、軍師、承上起下、關節。

巨門祿、天梁祿是善說之星。

星性加四化的概念，比如說武曲是武將，武曲化權忌，就可以想像是帶大刀的武將，因為權是夏天，是極陽，是霸氣，忌是冬天，是極陰，是陰沉，都比較「兇狠」。如果武曲化祿科，祿是春天，科是科天，氣溫都比較適中，容易是帶劍、帶書的武將或主帥。

3. 神明的層次之分：祿權科多，是「天上的多」、「有錢有勢多」、「能力超強的多」。忌多的，常常修錯、緣分不好，或是鬼、妖類居多。忌愈多，愈奇怪奇特，不符合常理。不過，地獄也有有錢有勢有當官的人。這個就不好區分了。不過，通常跟「巨門祿權忌」相關的，都容易跟地下的事情有緣。

七、理光頭：遷移父母見「忌」。這種人易「直來直往」、「不修邊幅」、「不理世俗之見」。所以，常見出家人三跪九叩到九華山，一般世俗之人絕對不會做這樣子的事。

八、無理智跟禪定的命理。父母疾厄一線多忌，容易理智少、失智，忘性大。如果有修行的話，也可以進入禪定的境界，因為同屬「腦袋空空」之象。

九、父母、交友、子女，是人際關係的宮位

一般來說，坐很多星在這三宮，人生多半比較為人付出、犧牲奉獻。多做義工，多行善事，多布施都是樂意的。神明也會比較喜歡這種願意付出的人。但是他的人生就會很多的不穩定。所以是有積陰德，有失金錢、人生不安定。看每個人的取捨而已。

十、長壽之象

任何宮位跟田宅交祿，耐用度就會提高，比較堪用耐操。疾厄跟田宅交祿，或是疾厄祿入田宅、田宅祿入疾厄，也都具壽的命理。疾厄祿入兄弟、福德，也都有壽象。那長壽星有天梁、貪狼、天同，都是壽星，效用最大。其他的星化祿也都有用。

十一、大修行者在斗數學理上的看法

法鼓山的果祥法師，回憶起聖嚴生前的點點滴滴，透露了一個小秘密，就是曾經有算命的說，聖嚴活不過六十五歲，還說聖嚴會結婚，有三個老婆。不過聖嚴並不相信，事實也證明聖嚴不但出家，還活了八十歲。聖嚴給弟子對命理的開示，就是只要有大修行，命轉得很快、是算不準的。

知道為什麼嗎？貪狼＋廉貞是桃花星，也是才藝星，大修行者，也是這種樣子。一般算命師，看到貪狼廉貞祿多，多半視為桃花情緣這是一定的。百分之九十九，都可以斷定是桃花多，只有極少數不是桃花，而是天分極高的大修行者。所以，這就是一般算命老師跟頂極算命老師的差別了。

命理不會不準，只在於會不會解釋而已。如果命理還有例外，那是不是要例外管理？修行人要例外？念佛的要例外？修道的要例外？神父要例外？修女要例外？那斗數還要算什麼？大家都例外了！不要把算不準都歸類到例外，是自己要檢討了，為何跟希夷先生的本意無法相通，無法算出來這種事。

十二、阿修羅的命格

阿修羅也是天道之一。雖然有點福報能上天，但是脾氣大、嗔心強、慾望重，常常跟天人打架。男阿修羅很醜，女阿修羅很漂亮。阿修羅在命盤飛化的特點有：

1. 命福德見生年權、命權、自化權，容易自大自信之象。
2. 十二宮多忌，或權入福德，容易引動精神上的不平衡之象，造成易怒，脾氣不好。
3. 生年忌入遷移、父母，或是生年忌在任一宮，轉忌入父母、遷移。少理智之象。如果父母有忌，通常也不會太漂亮。會漂亮也是冰山美人型，嚴肅不愛笑。
4. 福德忌，或是忌轉忌入父母、遷移、財帛，也都是個性急躁。少理智之象。容易衝動出大事。

十三、文昌忌的功用

文昌忌，有一種敏感的感受、會感覺很細微的變化。比如說，有時候可以感覺身邊有什麼陰邪的東西，會覺得怪怪的這種敏感。

還有就是鑽牛角尖式的思考，像下象棋，別人思考五步之後，你就可以想到十步之後，也是好事。但會把壞事想得比較差，可能不會發生的、好的想一遍，壞的也要想一遍，再對比一遍。容易杞人憂天、庸人自擾。明知道想了沒用，還是想，也是麻煩。

二、再把「鬼妖」、「卡陰、中邪」相關的飛化重點講一遍

一、貪狼忌。貪狼是甲木，忌是冬天，是收縮、收藏，是「沒生氣的」，貪狼忌引伸為枯木頭、死木頭、棺材。骨頭。妖、動物、貪狼是「狼」，包括四隻腳的動物、蜥蜴也是四隻腳的）。

二、太陰忌、太陽忌。不見「天日」、太陽、只見月亮的事。通常是「古墓」之類，或是沒有太陽（日蝕）、夜晚才會發生的事。

三、巨門忌。莫名其妙的事、鬼怪、妖怪的事。令人想不通、想不到的事。常見各種想不到的意外、車禍、鬼打牆、邪術。中蠱。下毒。毒物（巨門忌是西藥）。身體不舒服，去醫院檢查都查不出病因的，隨便開什麼藥就給你吃了。

四、文昌忌、文曲忌。文昌是氣管、食道，文曲是大腸，二者引申為「長管狀、長條狀的」，所以容易跟「蛇」類相關。

五、上述貪狼忌、太陽忌、太陰忌、巨門忌跟田宅、夫妻（田宅的疾厄宮）飛化串聯。就是住家跟「陰地、墓」、「鬼屋」、「邪廟、陰廟」、「奇怪的動物」、「假神壇＝神壇的正神跑了，換了別的」有緣。夫妻宮也是「少小限的大限命宮」。田宅見「貪狼忌，巨門忌、太陰忌」之人，也容易「遇到鬼」。

六、田宅跟福德三方：遷移、福德、夫妻，交愈多忌，容易住不好的地方，例甘近墓、環境爛、破爛的房子、邪廟……。串聯巨門忌太陰忌之類的，常見跳樓、墓、醫院、邪廟等風水極怪異之地。貪狼忌（棺木），可能祖先的墳墓有問題。

七、牌位跟雙姓祖先的問題。

一個家庭裡不能同時祭拜「雙姓祖先」，會招至雙姓祖先爭香火而打架造成家裡不安。牌位寫錯也會讓祖先不得安寧。因為香火不能被傳達給祖先，就像銀行的存款戶頭寫錯名字，就不能提錢了。通常是福德、田宅交忌，串聯「巨門忌、文昌忌、文曲忌」。文昌忌、文曲忌，通常跟「文字」有關。所以，不是牌位上多寫了字，或是字寫錯，就是多了牌位。這個是陰陽宅風水上的問題。

八、福德是「精神信仰」的宮位。福德串聯巨門忌，喜看鬼怪精靈奇幻、鬼吹燈之類的故事，所以精神上就容易產生「負能量的想法」，憂鬱、想不開。

遷移是待人處世、社會應變、社會機遇，串聯巨門忌，容易遇到很多「奇人怪事」、「無法想像的事」。

夫妻是感情之事，田宅是住家的感受。前者串聯巨門忌，容易感情上多「奇怪的事」，弄到人妻、人夫，被劈腿，演灑狗血的戲碼。後者容易住在「墓」、「鬼多的附近」。

九、父母宮（智慧、記憶力）或是父母疾厄一線、財帛宮（父母宮的共宗六位）或是福德財帛一線，多忌的話，串聯巨門忌，容易被外靈入侵而喪失心智，就是所謂卡陰的一種。很容易昏倒，或是自己不能掌控自己的身體、覺得我不是我。

十、疾厄（肉體的宮位）多忌串聯巨門忌。除了容易生一些「莫名奇怪的病」，也容易「車禍、意外多」，沖父母，也容易失去意識、昏倒。常見出車禍之後，醒過來才知道自己出車禍，發生車禍的當下，人完全失憶，腦袋一片空白。

三、其他綜合相關的理論

一、夫官線上多忌，或是夫妻宮（少小限的命宮）忌轉忌，逢生年忌，命忌疾厄的忌，都容易有下列的情況：

1. 自己的親生父母都難養難帶。
2. 給不是親生父母親帶大的。給養父母、親戚、奶奶、阿姨帶大的。
3. 認神明當義子女。

總之，難養難帶的人，有部份就是「天人下凡」，因為天上吃好住好用好穿好，來人間都不適應，就容易生病了。

二、紫微斗數的運用範圍

紫微斗數為五大神數之首，上到天、下到地、中間為人都包括進來了。可以用在老的，也可以用在小的；用在男的，用在女的；能用在中國人上，也可以用在外國人，只要在地球上的人，通通都可以用。北半球能用，當然南半球也能用。能知過去、現在跟未來，能知鬼神，動物也在其中。有人可以看國運，當然斗數也能看的。為何？以論命來說，移民一定會跟國家有關，所以，看國運也是合理的。有人會覺得「周星飛又在鬼扯淡了」，姑且聽之。

三、見鬼、業障的原因

1. 小部分能見鬼神，是自己累世修行而來的神通力。

2. 不過大部分見鬼的，通常是住在鬼多的地方，如墓旁邊、醫院旁邊，或自己個人的運勢低，或累世跟鬼有什麼恩怨，比如說道士作法打鬼驅鬼，那當然跟鬼有很多的不善緣，生生世世來打架的。

3. 什麼病是業障病，很多莫名其妙的病屬之。除了上幾輩子的問題之外，這輩子很多是殺蛇的、殺雞殺牛的屠戶，都容易生些奇奇怪怪的病。一般人普通殺業的，就容易斷骨頭。釣魚是其中一種，婆婆媽媽殺雞殺鴨的，也都容易骨盆關節骨折有問題、不良於行。這種因果或是業障病，最好自己看身邊的人，上至親戚、父母、上幾代，旁邊朋友都找找看。看多了你會有真實的體驗。

四、正邪的概念跟變換，由正變邪，由邪變正

世間有人、有鬼也有神。人有好人，有壞人，好人也可能變壞人，壞人也可能變好人。這個世界龍蛇混雜，鬼妖神人也都混雜一起，是佛陀所說「五濁惡世」。所以，人在其中被鬼妖神龍影響的所在多有。常見精神病患，到底是自己的問題，還是鬼妖的影響也很難判斷。

就像有的人會通靈，到底是鬼的幫忙，還是神明的加持，一般凡人也是看不清楚的。但是，透過紫微斗數命盤可以略知一二。然而要完全看清，我想難度很高。不過，略知一二總是比完全不清楚來得好。深度近視的人，戴著眼鏡摸象，總是比盲人摸象來好一點。

如何看正邪呢？通常在四化「祿權科忌」上。一般來說，貪狼祿比較像仙，貪狼權是有官位或是大能力的，或是比較大型的仙、神官。貪狼忌是「鬼妖」或是「心術不正的神明」。一樣是貪狼，不同的四化產生變化，然後有正亦有邪。比如說，貪狼祿原來是仙，但是流年化貪狼忌的時候，仙就有可能變質，或是像跟鬼妖打架。什麼叫「變質」？比如說修行修錯了，當然會變質；比如說六根不淨或是犯天條，當然也是變質。

四化的味道就在裡面，有正有邪，有陽有陰，變化在此。升官或是修行力提升也是如此。貪狼祿，逢貪狼權，能升官、積極修行。

所以世說「四化比較精妙」，但是精妙在何處？我想也沒幾個人講清楚一點的。很多大師都在佛學上打轉去了。比如說。算命算沒二句，就說「要修行、要拜佛、要積德」，不然就通通扯上易經，跟紫微斗數的關連就扯遠、不相干了。不鑽研斗數深層的意義，是很可惜的一件事。

五、算命的天分高

有分幾種：

1. 修行來的。

2. 賺動口財的緣分。天梁祿，巨門祿。

3. 偏星財來的。

大概是以上這三種。這裡再解釋一下偏財星，為什麼好天賦的原因跟偏財星見祿權忌有關係。通常才華高，偏財星一定多祿權，不管做什麼行業都容易賺到錢，那賺到錢就代表你在那個行業容易出頭，才華、才藝十足。

偏財三星破軍、廉貞、貪狼，每個星都是才華星、才藝星。要頂尖，就要偏財星。像美國職棒、職籃，年薪都是百萬美金、千萬美金。他們的才華很高吧！有人願出高價來請他們。

大企業家賺錢都是以億計算，也是要橫發的偏財星。沒有偏財星，就不會賺錢橫發。同樣橫發命盤的人從事不同的行業，都會成為那個行業的頂尖者，因為賺錢多就等於才華、才藝高。

田宅、兄弟、遷移、財帛，尤其是田宅坐破軍、廉貞、貪狼、武曲，或是田宅的宮干化甲廉貞祿破軍權，戊貪狼祿、己貪狼權、癸破軍祿，都有可能財產、賺錢很旺。

六、宗教的區分

天梁祿權，是最高等的神明。佛道通用。

貪狼祿權，是修行力強，佛道通用。

天機祿權，是邏輯力強，佛道通用。

巨門祿權，是善說力，善於說經論典。有條理。

貪狼忌天機忌巨門忌，常見「邪教巫術」、「下蠱」。個人的經驗裡，基督教也是這一種。我還沒想通為什麼。

七、道、佛哪一個高？

常聽佛門的人說，道教比佛教更低下，比如說，道教裡的神明都只是佛教裡的天界人物。真是這樣子嗎？佛教沒傳進中國的時候，早就有道教了，因為佛教進來中土，找不到自創的名字，就把道教的神仙拉進來補這個位置，造成道教的神仙位階比佛菩薩低，也造成後面佛教的學者很看不起道教。

通常，宗教裡只分二種人物，一種跳脫輪迴，一種還在六道輪迴。有沒有跳脫輪迴是一個宗教修行的最高標準。道教有很多等級：人仙、地仙、天仙、大羅金仙等，像三清道祖就是大羅金仙等級，也就等於佛菩薩等級，都已經跳脫六道輪迴了。所以，道、佛都是同樣的，

文昌能不能化祿

天機 癸巳 交友宮	紫微 甲午 遷移宮	乙未 疾厄宮	破軍 丙申 財帛宮
七殺 壬辰 官祿宮			丁酉 子女宮
太陽(權)(祿) 天梁 文曲(科) 辛卯 田宅宮			廉貞 天府 戊戌 夫妻宮
武曲(權) 天相 庚寅 福德宮	天同(忌) 巨門(祿) 左輔 右弼 辛丑 15 - 24 父母宮	貪狼 庚子 5 - 14 命宮	太陰(科) 文昌(忌) 己亥 兄弟宮

並沒有高下之分。

八、最好有情緒的人最好不要學命理

看到命主可憐，自己就覺得世間很不公平，自己也產生怨恨、可憐的情緒。有了情緒加入命理，容易看了命盤就跳進去那個「不屬於你自己的世界」，這樣子會走火入魔，很容易卡陰的。所以看命盤的時候，要把自己的情緒拿掉，專注在命理上的解讀，避免負能量在自己的腦袋裡產生。我們只是負責解讀命理，不負責別人的命運。這樣子就會少很多的麻煩。

九、飛星化氣的概念

文昌能不能化祿？（二〇〇九年命例）

學生甲：我只是問問老師我有沒有天分？怎麼看呢。

周星飛：算命的天分看，貪狼，修行星；天機，邏輯學；巨門，善說星；天梁，言過其實，有三分說成十分。每個人都有這些星的，或多或少而已。

學生乙：請問老師，您說的貪狼天機兩顆星，看宮位還是祿忌？還是都看？

周星飛：宮位、四化都看。

學生乙：廉貞好像也是宗教星？

周星飛：廉貞是偏財，也會是天分。你看美國的球員，動不動就是幾百萬美金年薪、千萬年薪，那都是偏財星的功用。

學生甲：他們也付出相應的辛苦了呀。

周星飛：辛苦不一定代表有收獲。所以，偏財星，也是才華星。

上面的命盤，生年辛巨門祿入父母，轉辛文昌忌入兄弟，也會視同巨門祿的氣，影響到文昌，讓文昌也得祿氣，所以文曲文昌不化祿，但可以透過「轉忌」，得到祿的氣。

我們梁派飛星是一種氣的概念，四化是氣，星曜也是氣，看起來，好像不化祿的氣，可以透過「祿轉忌」而得祿的氣。梁派飛星紫微斗數就是了解掌握氣在人的身上如何變化；風水就是了解地的氣如何變化，如果能掌握氣的概念，就了解很多事了。

學生甲：老師，忌是不是不順之氣？

周星飛：不完全是。斗數的四化就是自然界的四象——春、夏、秋、冬。忌還有執著、收藏之象，未必都是阻礙、不順的解釋。所以，「祿權科學一年，忌要學三年」，因為忌的解釋更不好掌握。道理在這裡。

十、要修行修得好有幾個要點：

1. 吃素。
2. 心懷感謝。
3. 多布施。
4. 少用資源（吃喝拉撒）、回收資源，愛護地球。

深入道門、佛門，做人做事就該盡善而盡美。那先吃素吧。肉味是神明不喜歡的味道，殺業也不是神明菩薩的願力。所以多吃肉，神明就不喜歡靠近你了。我印象很深刻，自己大學時候二十歲出頭，有一次跟同學去吃牛肉麵，吃了之後至少三天身上都有牛肉的味道，怎麼洗都洗不掉，就很怪。二十二到二十六歲差不多就吃素，但是還沒完全。當兵的時候吃肉，是因為不想讓部隊還要另外準備，去麻煩別人。當完兵就完全吃素了。如果戒不掉或是環境不許可，那就先不吃四隻腳的，再來不吃二隻腳的。如果要成佛成仙的時候，還一堆動物拉著你就升不上去了。即使上去了，身體也很臭，會被仙界的人排斥的。

學生甲：我還想做餐飲呢，不知道做餐飲，買肉做，算不算殺生？比如家裡買個活雞，是殺牠的人不好，還是吃牠不好？

周星飛：算啊，都不好。

學生甲：藏傳佛教還吃肉呢。據說佛教以前也是不忌肉的，後來流傳到中國才忌。

周星飛：那是因為西藏沒有菜，所以只能吃肉了。最原始的佛教在印度，僧人外出化緣，人家給什麼就吃什麼，當然也沒有吃素的想法。

印光大師有「示戒殺之要」：

「諸惡業中，唯殺最重。普天之下，殆無不造殺業之人。即畢生不曾殺生，而日日食肉，即日日殺生。以非殺決無有肉故，以屠者獵者漁者，皆為供給食肉者之所需，而代為之殺。然則食肉吃素一關，實為吾人升沉，天下治亂之本，非細故也。其有自愛其身，兼愛普天人民，欲令長壽安樂，不罹意外災禍者，當以戒殺吃素，為挽回天災人禍之第一妙法。（正）勸愛惜物命說。」

業力輕了，這個根本上的問題解決了，家庭婚姻、學習等等都會簡單多了。就像銀行有存款，要買什麼都方便了。

十一、認識緣分，不要為了世俗的利益去破壞這個緣分

看鬼神有關的命盤，如果心理素質不夠強或是講話不得體，那個無形的馬上就來找我了。以前，我也被修理過一次。很早期的時候有次看盤，我斷出這個人會卡陰，而且是在家中什麼方位上的東西。她就反饋說，那裡有個神像。我就說，可能是那個神像不乾淨，叫她去處理掉。不得了了，這個鬼神知道我要消滅祂，就先來報復我。接下來的那幾天我頭痛得要命。那是我不懂，硬要把人家的緣分拆了，這個事後來想一想我也是不對。萬事萬物都有緣分，欠債還錢，天經地義。緣分未了總不能硬拆，還是要請命主自己念經迴向為宜。如果知道問題在那裡，要處理就好辦了。如果不知問題在那裡，一直念經迴向，效果就不大了。

敬畏天地、天道、人理。比如說，有人當小三那也是業力，總是勸了再勸，請命主離開別人老公。畢竟緣分未了之前都還不能斷，只能勸回頭是岸，把人倫回到正軌。至於能不能馬上就分手，也是看緣分的，我們都沒辦法去強硬的解決。包括我們自己都一樣，常常保持中道、中庸，以非禮勿視、非禮勿聽、非禮勿用、非禮勿言的正常狀態，勸人做對的事。

所以，我們自己心態、行為擺正，至少這些無形的事物影響我們就少一點。算命這個行業飯不好吃的，很多人賺了錢就去布施，以為布施就能消業。如果這樣子那還有什麼天道可言？俗話說：「捐財能超生，豈非菩薩是貪官；經懺可贖罪，難道閻王怕和尚？」貪官花錢作風水、算命，也是一樣的道理。

所以天道有其運行的規則，別去破壞這個規則，否則就是一般說的擔業，把別人弄好了那就可能會損壞其他人的利益。就像弄風水一樣，你把地拿了，以人間來說，你買了就沒問題，但是這個地裡有神、有鬼、有眾生、小動物，你動了這個地，這些無形的能乖乖的聽從？風水是奪天地之氣，人沒有比鬼神厲害的，不了解這個道理去做這事都很危險的，所以要謙卑一點。

我們都還在摸索這些無形的、未來的人事物。要以摸著石頭過河的心態小心謹慎。九十九％的風水、算命老師都看錢，所以孤貧夭餓病是很正常的。因為會聽到更多關於未知世界的事物、鬼神的事情，學習五術久了必然要更小心謹慎。對人事物都誠意正心，禍就少了，福就多了，這是必然的道理。希望大家都盡量擺正心態。

第二篇

神明、修行人的相關命例

一、虛雲老和尚的命例

虛雲老和尚的命盤 農曆1840年七月29日寅時

天同 忌 辛巳 兄弟宮	武曲 權 天府 文曲 壬午 3-12 命宮	太陽 祿 太陰 科 癸未 13-22 父母宮	貪狼 文昌 甲申 23-32 福德宮
破軍 右弼 庚辰 夫妻宮			天機 巨門 乙酉 田宅宮
己卯 子女宮			紫微 權 天相 左輔 科 丙戌 官祿宮
廉貞 戊寅 財帛宮	己丑 疾厄宮	七殺 戊子 遷移宮	天梁 祿 丁亥 交友宮

1. 父母屬「先天智慧力」是IQ，遷移屬「後天應變力」是EQ。

2. 所謂的聰明人，必然是父母、遷移見祿，就容易聰明而伶俐，頭腦好、應變力強。

3. 命盤上，父母坐生年庚太陽祿，轉癸貪狼忌入福德，逢遷移戊貪狼祿來會。父母跟遷移交祿，當然更有聰明之象。遷移宮干是戊這種人，容易有才華顯現。交祿在福德，是入精神意態，所謂的阿賴耶識裡。

4. 修行力的高低

所以，父母、遷移交祿，更容易是聰明之人。再轉甲太陽忌入父母，又逢夫妻庚太陽祿來會。福德、夫妻、遷移，這三個宮位是福德三方，隱含果報之象，所以會更加的聰明的。

但是，夫妻也是感情上的事，所以一般的算命師看到此命盤，九十九%會斷定男命是風流才子。但是沒了感情，就把果報上的福報全部用力在智慧之上，成就了一代祖師。

那福德宮的貪狼至少有「三祿二權」，父母宮的太陽先有生年庚太陽祿，再加上貪狼祿，轉忌過來的，也有「四祿三權」之象，所以修行的能量很高，等級很高。如果，再從命宮壬天梁祿入交友，再轉忌，這樣子的「貪狼祿、太陽祿」就更多了。

5. 當然，風流才子轉作高僧大德的，歷史上很多，最有名的就是李叔同，弘一大師，精通繪畫、音樂、戲劇、書法、篆刻和詩詞，為現代中國著名藝術家、藝術教育家，中興佛教南山律宗，為著名的佛教僧侶。有興趣的同學，可以自己上網找弘一大師的生平。所以，每位高僧大德也都是才華出眾的，只是沒風流而已。

一風流，福報就消耗得很快。不可不慎。

二、有神入家裡（二〇一四年命例）

有神入家裡，放入六壬式盤上

天相 丁巳 遷移宮	天梁 戊午 疾厄宮	廉貞 七殺 左輔 右弼 (科) 己未 財帛宮	庚申 子女宮 29歲
巨門 文昌 [權] 丙辰 交友宮	戊辰年 男命		辛酉 夫妻宮
紫微 貪狼 (祿) [忌] 乙卯 官祿宮			天同 文曲 壬戌 兄弟宮
天機 太陰 (忌)(權) [科] 甲寅 田宅宮	天府 [22 - 31] 乙丑 福德宮	太陽 12 - 21 甲子 父母宮	武曲 破軍 2 - 11 癸亥 命宮 [祿]

↓忌

周星飛：今年馬年，像這個農曆三月踏命宮，以癸貪狼忌入官祿，逢疾厄戊貪狼祿來會，是努力修行專心精進之象；再轉乙太陰忌入田宅，就是努力工作賺錢，逢遷移丁太陰祿來會，有買房子的希望了，而且可能有「女神」入家裡。不知是觀世音菩薩，還是金母、王母娘娘？逢田宅的生年戊太陰權，可能家裡空間很大，也可能本來是大的神，但是你命以癸太陰科入田宅，會把祂裝在小小的地方有可能你房子本來是大的，但是你隔間了三間房。

命主甲：不知道，反正我看不見。我橫財很旺倒是真的，因為我學的是茅山的道家六壬，看出我身邊有神是很正常的，六壬式盤。我知道你說的神是誰了，九天玄女。但是我真的沒通靈，我只是掌握了玄女式的精髓。

三、周星飛的命盤，如何看神明

周星飛的命盤，如何看神明

廉貞 忌 貪狼 癸巳 36-45 子女宮 （忌 ↖）	巨門 祿 文昌 忌 科 甲午 26-35 夫妻宮	天相 乙未 16-25 兄弟宮	天同 天梁 文曲 科 丙申 6-15 命宮 （祿 ↗）
太陰 壬辰 46-55 財帛宮	辛亥年 男命		武曲 七殺 丁酉 父母宮
天府 辛卯 疾厄宮			太陽 權 戊戌 福德宮
左輔 庚寅 遷移宮	紫微 破軍 辛丑 交友宮	天機 右弼 權 庚子 官祿宮	己亥 田宅宮

學生甲：某某的盤有太陰生年祿呢。老師是不是也有鬼道有緣人？正派的？巨門祿是鬼道吧？

周星飛：是。巨門是下三道的，但是有祿，是有福報的。不要認為地獄裡的都是窮鬼。有些是鬼王，有些是鬼將、鬼官、鬼兵，有富鬼，有貴族。這些還是算有錢有福報的人。比如說我是「判官」，理由怎麼說的？

1. 生年辛文昌忌，寫字寫到手斷掉，你看我一天打多少字，也是文昌字。掌管生死簿之類的，也是要寫很多字的。
2. 生年辛巨門祿是地府的人，不會是窮人。如果是巨門忌，那就可能是餓鬼。
3. 文昌忌＋巨門祿之後，再轉甲太陽忌入福德，逢生年辛太陽權，又逢遷移官祿庚太陽祿，交友疾厄辛太陽權來會。太陽祿權多，是官位。

書上：『太陽』：五行「丙火」。「比干」，紂王的忠臣。光明磊落、寬宏大量、博愛。

（1）、日照天下，主光明、泛愛眾（博愛）。無私，主政治。

（2）、日出日落，主「驛馬」，忙碌奔波。

（3）、貿易、電話、傳真、資訊、視訊、電視、電腦網路。

遷移、官祿庚太陽祿入福德，逢生年辛太陽權，交友疾厄辛太陽權來會。最重要的是遷移（果報），遷移來的太陽祿，你們想，透過網路教學範圍有多大？跟觀想一樣大吧。

那如果下次還有下輩子的話，可能就上太空，那幾個星球之間都可以教學的。遷移來的祿，無限寬廣。而且遷移祿入福德，是外面待人處世的機會給你增加精神能力，所以常常靈光一現就找到命理了，年紀越大，精神越厲害、越旺。

4. 從巨門祿文昌忌太陽忌＋祿＋權，一連串的組合飛化，叫做判官。

這也是我透過一個通靈的人解釋之後，看來的自己命盤上的事。這個通靈人，他很會畫六格圖類的漫畫，他畫好後會跟你一個個解釋。他第一個圖就畫了一個穿官服、戴官帽、拿旨令，然後說不要問他為什麼，是跟在我後面那個叫他畫的。透過他的解釋之後，我的命理又更進一步提升了。這個也是遷移祿入福德的功用啊。年紀越大，越有故事。

四、關公的六十三代孫（二〇一六年命例，姑丈是關公後代）

關公的63代孫

七殺 紫微 丁巳 33 - 42 子女宮	文昌 戊午 23 - 32 夫妻宮	己未 13 - 22 兄弟宮	文曲 庚申 3 - 12 命宮
← 天梁 天機 丙辰 43 - 52 財帛宮	癸巳年 男命		廉貞 破軍 祿 辛酉 父母宮
天相 乙卯 53 - 62 疾厄宮			壬戌 福德宮
左輔 巨門 太陽 權 祿 甲寅 63 - 72 遷移宮 ↙忌	貪狼 武曲 忌 權 乙丑 交友宮	右弼 太陰 天同 科 科 忌 甲子 官祿宮	天府 癸亥 田宅宮

珮青：我姑丈出了大車禍了。是不是交友宮的忌沖兄弟。一氣生死訣？

周星飛：一氣生死訣？那怎麼沒死呢？

珮青：命宮武曲權，擋了一下。

周星飛：擋？那現實生活上是什麼擋？現實生活有什麼作為才沒死？只會說「擋一下」。這個就是命理不進步的原因，什麼理由都是「擋一下」。雙忌就會死？一氣生死訣？都不了解命主生活上可能有什麼作為，而影響車禍沒有死？直覺得認為，在馬年的時候就應該死了。命庚天同忌入官祿，疾厄乙太陰忌入官祿，交友宮至少三忌之後，再轉乙太陰忌入官祿，至少五忌沖夫妻（二〇一四年命宮），理當就有生死的危險。

羊年踏兄弟（二〇一五年流年命宮），也是一樣危機重重，福德壬武曲忌入交友，田宅癸貪狼忌入交友，又逢生年癸貪狼忌，三忌沖兄弟，也是一樣大有問題。那福德田宅交忌，破了有下列的情況：

1. 明顯家道中落。
2. 車禍傷元氣，沖兄弟。傷中氣、元神。
3. 人生該換跑道了。沖兄弟，人生該歸零，重頭開始了。

而且，武曲貪狼忌，尤其是貪狼忌重，當然跟什麼墓啊、古物、鬼妖有關。

珮青：對對，師父，他這個車禍出得可古怪了，停在馬路上，下個貨都能摔得人仰車翻。

周星飛：1. 福德以壬武曲忌入交友，逢兄弟已武曲祿來會，夫妻已貪狼權來會，自己重情義，拿兄弟、財庫的錢多布施、多積德。老婆也有助力。

2. 夫妻以戊貪狼祿入交友，逢生年癸貪狼忌。可以解釋成，他的老婆拿錢布施給窮人，去解了這個貪狼忌。再轉乙太陰忌入官祿，逢太陰雙科。有弄些觀音符？

珮青：有，還真的有。師父，我姑媽找了活菩薩弄的臨時符。我姑媽初三去還願，這是師父講過的找貴人。

周星飛：又剛好猜對了？命盤上可能就有寫到答案了。所以自己去想像而已，學斗數沒有因果概念，沒有鬼神論或是不想學習這種鬼神的問題，就無法處理這種不可思議的事，那紫微斗數只能算算妻友子財了。有時候，覺得紫微斗數現在變成娛樂業，一部分的責任就在於沒有人教這個鬼神的事，所以只算些妻友子財、功名利祿的事。

珮青：我姑媽說，這個世界有一部分人是菩薩派下來渡人的，師父也是。

周星飛：所以，是凡事也是煩事，妳這個姑丈過了這個劫就有五年的好光景，所以妳叫他多行善布施，還有多修行吧。福德壬武曲忌入交友，逢命庚武曲權，兄弟已武曲祿來會，這個也很像跟關公有緣。五忌入官祿沖夫妻，馬年本來就是該死的命了，留到現在必然有其不該死的理由，除了他老婆求的符之外，應該還有其他的事情才能免於一劫。

所以，福德以壬武曲忌入交友，又逢生年癸貪狼忌，對朋友重情義之外，還可以太重視過頭，對朋友的態度就扭曲了，對人可能非常重情義到兩肋插刀都可以，但是也可能一個朋友都不想交，非常不重情義，什麼朋友都想忘記。但是，交友有忌的人應該不是壞人，除非被朋友帶壞了。而且可能是善人，所以，也可能多布施而得免其禍。而且福德以壬武曲忌入交友，又逢武曲命權，這種人對朋友也是雞婆的個性，所以可能也有過為人兩肋插刀的事。

珮青：喜歡碎碎念，通常做了事，都不被人記好。

周星飛：不過，這種人最好還是有精神的信仰。以武曲權忌，是以武將為主的信仰力量，當然以關公為代表。所以，如果有信仰就去拜拜吧，如果沒信仰，就找關公廟去拜。跟妳姑媽說，要多感謝這個活菩薩，還有這劫沒死，就會發個中大財了。但是，不要高興得太早，這些錢還是多布施好。

珮青：初三還願，我會說的。整理好了給我姐姐看，就是他女兒。

周星飛：妳姑媽將來也是財富千萬至億的，好好努力。

珮青：我姑媽六十三了，還發財啊

周星飛：六十三跟發財有關嗎？剛才一開始說了，多忌入交友，沖兄弟，是叫妳「人生要重來了」。所以，讓她去拜的該去拜、去念經、去還願什麼的、多布施都是要做的，至於怎麼發財？再想想吧。田宅癸破軍祿入父母，難道是妳姑丈這邊的房子變成她的房子？

珮青：我姑丈是外地人，來我們家的。老家的地早就便宜處理了，房子是姑媽的名字，姐姐買的。

周星飛：表姐嗎？只一個表姐？

珮青：是的，姑媽家只有一個女兒。

周星飛：那就看兄弟。女兒看兄弟，兒子看田宅。表姐的祿的飛化也很漂亮的。難道，是表姐要發了？基本上，過了今年二〇一六年，表姐就該大發了。因為福德田宅的忌都入交友（女兒的遷移宮），沖兄弟（女兒的命宮），讓妳的表姐不得發，會壓著表姐出人頭地表現的機會。但也是沖到二〇一五年為止。二〇一六，就不沖了。過了業力了。

這個也說，妳表姐其實也是去年沒死，今年就活過來了。再看看吧，反正會發總是有道理的。妳姑丈照道理來說，應該也是一方之霸才對，遷移、父母多祿權。

珮青：不是的，姑丈是妻管嚴，在我們家沒地位。

周星飛：所以，我想啊，今年車禍過後再找的工作，可能會風生水起，做得有聲有色的。應該也是創業的。兄弟已武曲祿已貪狼權入交友，逢福德壬武曲忌入交友，是想創業了，可能做些金屬的買賣？再轉乙太陰忌入官祿，逢「科」？五金飾品？妳問問吧！

珮青：今天還聊起，姐姐讓她別做了。

周星飛：不不，一定要做的，這個有五年好光景。

珮青：明白，跟姜子牙一樣，七十歲還出山。好，那我去建議他做，做完這票就收山了。

周星飛：這個還是先去拜神明吧，關公他信不信啊？那武財神信不信啊？妳跟妳姑媽講講，做個幾年再收山吧，財富能上千萬至億的。

珮青：好的，我看今年也還行，遷移多祿權，照流年命宮。

周星飛：跟妳姑媽說說吧，妳姑丈真的姜子牙的命，愈老愈值錢，沒死就是要成龍了。

珮青：有可能哦，大難不死，必有後福。

周星飛：一般人不是這個樣子的，一般人是連夜雨，一直倒楣的。

珮青：那姑丈也算是苦盡甘來了。

師父：要選什麼行業再看看了，最好選暴利的，不然自己開買賣房子的吧！仲介商也很適合的。

故事後續發展

學生A：威武的師父。

學生B：這個列印出來掛家裡可以麼？

周星飛：可以的，因為這個是關公後代子孫給的珮青姑丈是關公的後代子孫。

學生A：千回百轉總是緣，立刻做桌面。

學生B：好，感恩師父！感恩珮青師姐！

學生A：關雲長的後代，財神的子孫。

周星飛：我也是剛才知道的。反正有緣啦，就給你們要張相片來了。

珮青：是啊，有家譜的，六十三代。我表姐是六十四代。還是師父說得準，上次師父說我姑丈跟關公有緣，我今天來姑丈家，這樣一說，他自己告訴我，他是六十三代孫，湖北的，姓關。

五、跟三清道祖中的「太清道德天尊＝老子」白鬍子老道有緣的（二〇一四年命例）

跟太清道德天尊-老子有緣

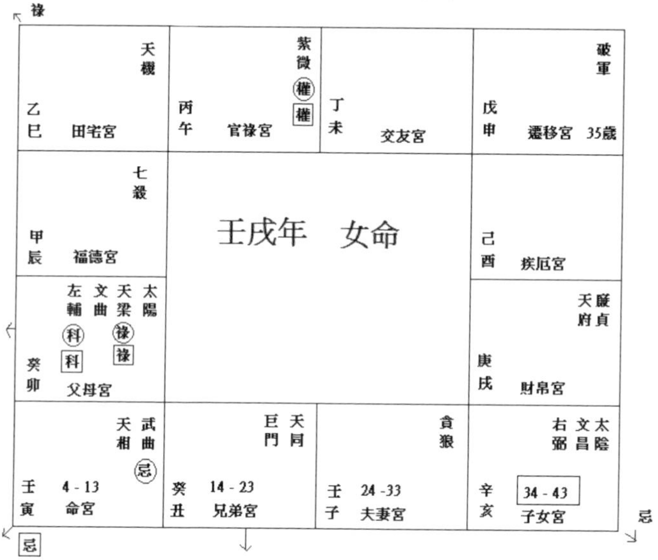

周星飛：剛才說到星性的問題，再來講怎麼看威力大小。生年四化的威力一定是最大的，再來看飛化，串聯交祿交忌。就整個命盤來看，天梁有三祿一權，有看到？再轉癸貪狼忌入夫妻，逢遷移戊貪狼祿、疾厄巳貪狼權來會，天梁三祿一權＋貪狼四祿二權，串聯才會力量更大，所以梁派的飛星精義要訣就在這裡。

就像剛才說的神明大小怎麼判斷？有的神明位階高，有的神明位階低，怎麼判斷？就像人間有財富一樣，有的人窮，有的人百億，那怎麼判斷？道理就在串聯。天梁是最高等的修行星，加上貪狼，所以這種串聯的組合，就是最高等的神明。

命主是群裡的學生，因為她有感情問題，我就看她的命盤。看一看說，她的老師很高等，都很好啊，修為都很高，而且很多高等神明會罩著她。然後有一天她說，夢到一個白鬍子老道，我就給她看這個三清道祖的相片，問說是不是太清道德天尊、太上老君、老子。她說對！就是他。

太上老君位置夠高了吧。然後，又看到一個左輔科，所以更像三位一體的組合。科是數字三，很多都是三個組合的，比如說關公、關平、周倉；比如說西方三聖，又稱彌陀三尊，指的是西方極樂世界三尊主要的佛菩薩，即教主阿彌陀佛，和他的左脅侍觀世音菩薩、右脅侍大勢至菩薩。

回頭看命盤再看解釋，請問各位有沒有一點點梁派飛星的概念了？串聯的概念？力量大小的概念？

學生甲：依葫蘆畫瓢可以，自己就看不出來。

周星飛：那就多背命盤，下次看到類似的，也是八九不離十，只要飛化一樣，也都差不多的。

六、紫微斗數之算命和學佛的故事（二〇〇八年的命例）

太陽 乙巳 子女宮	破軍 右弼 科 丙午 夫妻宮	天機 科 忌 丁未 兄弟宮	紫微 天府 左輔 戊申 5 - 14 命宮 30歲
武曲 甲辰 財帛宮	丁卯年 女命		太陰 祿 權 己酉 15 - 24 父母宮
天同 權 癸卯 疾厄宮			貪狼 祿 庚戌 25 - 34 福德宮
七殺 文曲 壬寅 遷移宮	天梁 癸丑 交友宮	廉貞 天相 文昌 壬子 官祿宮	巨門 忌 辛亥 田宅宮

祿

此人是我的徒弟，她來就只問我一個問題——修佛的人要不要學算命、風水之類的東西？她說她的一位師父告訴她，修佛的人不可以學算命之類的事情。她覺得很疑惑不得解答。我就問她知道有「五明」這個事嗎？

五明是古代印度的五類學科。全稱五明處，即聲明、工巧明、醫方明、因明和內明。前四明是各學派共同的，後一明各學派各有自己的典籍、宗旨，內容亦不相同。如佛教以三藏十二部經典教義為內明，婆羅門教則以四吠陀為內明。大乘佛教積極主張利益眾生，以五明為學人所必學的內容，並認為它是圓成佛果的「大智資糧」。

工巧明包括的範圍很廣，據《瑜伽師地論》卷十五「工業明處」稱：農，商，事王，書、標、計度、數、印，占相，咒術，營造（雕塑），生成（豢養六畜等），防那（紡織、編織、縫紉），和合（調解爭訟），成熟（飲食業），音樂等十二種均屬此。

如果算命不在占相裡，那算命要排那裡？這些佛菩薩們每個都近於萬能。有沒有聽說很厲害的出家人都會算命看相的？如果學佛不學算命來度化眾生，把算命當工具，拿各項工具來度化眾生，只靠講經說法就一定有人聽嗎？算命只是一個修行工具，不是成佛的目的。

她一聽就開悟了。原來算命跟學佛是不衝突的。學佛才是目的，算命是度人的工具。她說自己十幾歲就會自己做「火貢」，而且還每天做八十八佛拜，跪到雙膝黑青。也常常持地藏經咒。

我一聽她說念地藏經咒，就說妳家的非人很多啊（生年丁，巨門忌入田宅）！她說集合了很多眾生，可是不知道怎麼弄走。我就跟她說，找個寺院有地藏菩薩像，先在家裡跟所有的眾生說，要去地藏菩薩那裡，請求菩薩超度你們。然後就到寺院裡去跟地藏菩薩說明來意即可。後面她就照作了。聽說她後來進了「山西小院」，地藏菩薩的道場，很精進的道場。

周星飛：如何看她的天賦？

學生乙：遷移壬天梁祿入交友，轉癸貪狼忌入福德，逢命戊貪狼祿來會，轉庚天同忌入疾厄，逢夫妻（福分財）丙天同祿來會，命疾厄交貪狼祿忌在福德。

周星飛：所以，天賦很高，天梁是最高等級的星，貪狼更是修行星，一串聯就是最高等級的修行法門，又跟遷移福德夫妻扯上關係，都是福德三方，她的眼睛會看到異世界的東西，也就是台灣話說的「陰陽眼」。還有一個重點要說。遷移祿入交友三方的人通常競爭力很強，比如說考試很容易名列前茅。像遷移祿入交友的人通常會玩又會考試，父母宮不好則讀書辛苦，但是考試運好。

學生乙：遷移祿入子女父母交友都行嗎？

周星飛：主要是遷移祿入交友，因為第二大限走兄弟宮或父母宮就會相應，遷移會變大限交友或是交友會變大限遷移，相應就有競爭力，所以年紀輕輕的很多事都比一般人厲害。遷移祿入交友三方，很會交際看臉色，學習能力強，易早熟。

七、老校長命盤（二〇一一年命例）

老校長的命盤

太陰 忌 權 辛巳 交友宮	貪狼 祿 右弼 科 壬午 66 - 75 遷移宮	天同 巨門 癸未 56 - 65 疾厄宮	武曲 天相 左輔 甲申 46 - 55 財帛宮 72歲
廉貞 天府 文昌 庚辰 官祿宮	乙酉年 男命		太陽 天梁 權 乙酉 36 - 45 子女宮
己卯 田宅宮			七殺 文曲 丙戌 26 - 35 夫妻宮
破軍 戊寅 福德宮	己丑 父母宮	紫微 科 戊子 6 - 15 命宮	天機 祿 忌 丁亥 16 - 25 兄弟宮

周星飛：這個貪狼祿非常強大，三宮交祿的威力十足。兄弟坐天機生年祿，再轉丁巨門忌入疾厄，逢交友辛巨門祿來會，馬上「巨門雙祿」，再轉癸貪狼忌入遷移，逢命福德戊貪狼祿來會。逢父母宮、田宅宮己貪狼權來會，貪狼就有「四祿二權」的氣。命福德疾厄交貪狼祿忌，又是一個標準的修行人。而且疾厄帶雙祿過去，只能說這個人修行力超強。再者，貪狼又有雙權，然後還加上雙右弼科。遷移有科，待人處世慢條斯理，非常文雅客氣；遷移有祿，待人處世八面玲瓏。祿科雖屬不同星，但是一樣有幫助。會把修行的時間拉長，所以這位老先生修行力近於頂級了。而且，遷移也壬天梁祿入子女，

再轉乙太陰忌入交友，也是口才很好的善交際之象。

學生辛：嗯，是一位德高望重的中學校長，後任教育局局長，一生清正廉潔，桃李天下，後年患眼疾，嚴重影響生活，家人堪憂，有人狂言大限不遠。

周星飛：大限不遠？我說這個好好念念佛，必能上天。為何有眼疾？寫一下命福德的忌轉忌。

學生辛：命福德戊天機忌入兄弟，轉丁巨門忌入疾厄。

周星飛：天機忌先跟官祿宮的生年乙太陰忌對沖，變三忌，轉丁巨門忌入疾厄，這個有點長期的勞累，兄弟忌入疾厄，為了成就，一直閒不下來，再從交友的忌轉忌，或是直接官祿忌，太陰忌，天機忌，巨門忌，有長期的病，不過疾厄也多祿，所以沒那麼短命。

學生辛：確認了，虛歲六十一從教育部門退休。

周星飛：寫一下父母宮的忌轉忌。

學生辛：父母宮己文曲忌入夫妻，轉丙廉貞忌入官祿。

周星飛：夫妻忌入官祿，有忌出之象，放棄。如果再從子女的忌轉忌，或是生年忌轉忌

1. 他的兒女也反對繼續作。（子女宮的忌的影響）

2. 也可能有人來競爭或是來作梗了。（交友宮的忌的影響）

忌出是放棄的，當然也可能是長官叫他退休、放棄的。

學生辛：他家住三層樓層打了做的複式。

周星飛：田宅已武曲祿入財帛，逢甲武曲自化科？科就有三的意味。二到四的數字。看起來住的地方舒服，祿照福德，轉甲太陽忌入子女，房子的前面還很大，近學校。

學生辛：這個房子不利他呢。

周星飛：不利他啊，那今年就要賣了，田宅也忌出了，放棄啊。不然也可能被收回去，比如說是公家的宿舍，也是眼睜睜就不見了。

學生壬：怎麼看房子不利於他？田宅與父母交忌在夫妻，轉忌入事業，逢交友追忌嗎？房子人氣少。風水有問題？破在事業，所以運氣不好了？

周星飛：還有交友的忌啊，也可能是人氣差，或是有惡鄰居。

學生壬：是的。交友追忌。

周星飛：比如說，市場、醫院、不乾淨的地方，也跟田宅一起破，父母也一起破，也可能門面不好看。

學生壬：破了。三忌破在事業。事業。也是運氣位，所以他運氣不好，住這房子不利於他。

周星飛：嗯，田宅忌入夫妻，沖官祿，當然他的家裡可能很反對，一直要沖他的工作。加上如果有小人作梗，交友辛文昌忌入官祿，有競爭者，就會破得更重，家裡可能會說，不要工作好了。

學生壬：明白。可能有小人。因為田宅與父母破在夫妻，沖事業，轉忌又入事業。再逢交友追忌，可能真有小人。交友的生年忌，就是小人、交友的債了。

周星飛：比較像小人。另外，競爭者也是交友。

學生壬：子女乙太陰忌入交友，逢生年忌，合作、下屬也是有些問題。

交友坐生年忌，轉忌入事業。轉忌入了命三方，也是。心甘情願為朋友付出。當然小人也好，朋友也好，都是心甘情願的。遷移的貪狼多祿權，應該是恃才傲物了些，這盤兄友線很複雜，房子也不差的，田宅在遷移拱福德、命雙祿，也是很好看的，我覺得還是破疾厄太重了。

周星飛：嗯，是啊，事業也是運氣，所以他是不是要打算搬家？

學生辛：沒有，打算要請風水改運，房子呀不容易，好不容易裝修妥當。

周星飛：改運？對啊，你們再看，從命福德的祿轉忌，逢祿來會，寫一下。

學生壬：命福德戊貪狼祿入遷移宮，轉壬武曲忌入財帛宮，逢田宅、父母己武曲祿來會，轉甲太陽忌入子女宮，逢官祿庚太陽祿來會。

周星飛：這個武曲也很漂亮啊。官祿的祿權都有整修的意味。照田宅，是有轉好的時候。不過，已經破這麼重了，所以怕的是改，要花很多錢，怕招惹鄰居的抗議。

交友坐生年忌，沖兄弟，交友有生年忌不好搞定，所以也怕真的沒改好。而且有文曲文昌廉貞太陰會不會有官司的問題？萬一改風水，弄到別人的房子、別人的地皮，那怎麼辦？或是你建個東西，擋到別人的路，別人也會叫的。

學生壬：應該會有高人指點一下的，畢竟是遷移的天梁祿逢生年權照田宅宮。

周星飛：不過，總覺得夫官線破得這麼重，難道沒問題嗎？

學生壬：夫官線的問題在五十六～六十五應相的明顯一些。

周星飛：應該說，只要忌或忌轉忌入夫官線的年份，影響夫妻、官祿的穩定。三十六～四十五這個大限就有問題，五十六～六十五這個這十年都是相應的，四十六～五十五是錢留不住的大限，財帛甲太陽忌入子女，轉乙太陰忌入交友，逢生年乙太陰忌，沖兄弟宮，忌入交友三方沖田宅三方，這個都是錢存不住之象。錢不穩定，工作不穩定，各方面都不穩定，當然也是有財布施之象。一忌沖交友，還好，但那個校長是忌轉忌都入交友三方，還逢生年忌更不穩，可能那個大限常常被調來調去的。沖兄弟宮是成就位，成就老是歸零，所以常常被調到不同的單位，重頭作起。也可能錢就一直布施，口袋常常空空的。

有修行天份的命盤(風水老師兼學斗數、八字)

	祿 ↑		
天府 乙巳 遷移宮	天同 權 太陰 祿 丙午 54 - 63 疾厄宮	武曲 貪狼 丁未 44 - 53 財帛宮	太陽 巨門 忌 戊申 34 - 43 祿 權 子女宮 60歲
甲辰 交友宮	丁酉年 男命		天相 己酉 24 - 33 夫妻宮
← 祿 廉貞 破軍 文曲 科 癸卯 官祿宮			天機 科 天梁 庚戌 14 - 23 兄弟宮
右弼 壬寅 田宅宮	癸丑 福德宮	左輔 壬子 父母宮 ↓	紫微 七殺 文昌 辛亥 4 - 13 命宮 ↘ 忌

周星飛：這個也是有學習的天分，福德癸貪狼忌入財帛，逢子女戊貪狼祿來會，福德忌入財帛，也是愛錢的命理。還一個福德癸破軍祿入官祿，交友甲廉貞祿破軍權入官祿，逢官祿癸破軍自化祿，二祿二權。如果再從疾厄生年丁太陰祿天同權，轉丙廉貞忌入官祿，逢交友甲廉貞祿來會，這個官祿就超強三祿三權以上。轉癸貪狼忌入財帛，逢子女戊貪狼祿來會，這些偏財星都吃到了，又在財帛、官祿，工作賺錢厲害。

學生乙：師父，你剛說的交友和福德交破軍祿權，不是說根器好吧？

周星飛：交友福德交祿，是有很多心意相通的好友，命主現在開中藥店，有看風水、算命，曾經弄過直銷的事業賣健康食品，像靈芝之類養生食品。命主在三十年前就搞過直銷了。天梁二祿入兄弟，而且弄過幾個很成功的商品健康食品，貪狼天梁天同壽星，廉貞是慾望的炫耀的。有些健康食品很高價，廉貞祿。所以天分好，有天分好的飛化組合。這個也是拿算命來賺錢的，當然也有修行的情況。

學生丙：就是也看宮位，師父今天說的，有些是修行賺錢，有些是修行而修行。

周星飛：修行是命福德疾厄子女的組合，如果是交祿忌在財帛、官祿，是算命賺錢的。如果是兄弟、田宅，也是一樣算命賺錢，所以不是算命的都一定是修行的，很多就是賺錢的。不過賺錢快也是有破得重的地方，父母、田宅壬武曲忌入財帛，福德官祿癸貪狼忌入財帛，四忌之後，轉丁巨門忌入子女，逢生年丁巨門忌，五忌在子女沖田宅。聽說命主有二個兒子跟一個女兒，拚命幫老爸花錢，還是有點問題。不過整體的命格是不錯，田宅壬天梁祿入兄弟，遷移乙天梁權來會，是有住好房子之象。轉庚天同忌入疾厄，逢生年丁天同權，天同自化祿。田宅的物質生活好、條件好。疾厄代表肉體的享受，過得還不錯。胖、懶。

九、神明護體加持的命盤（二〇一二年命例）

神明護體加持的命盤

巨門 己巳 田宅宮	廉貞 祿 忌 天相 庚午 官祿宮	天梁 辛未 交友宮	七殺 壬申 遷移宮
貪狼 文昌 右弼 科 戊辰 26 - 35 福德宮	甲年生		天同 祿 癸酉 疾厄宮
太陰 丁卯 16 - 25 父母宮			武曲 科 文曲 左輔 甲戌 財帛宮
紫微 天府 丙寅 6 - 15 命宮	天機 權 丁丑 兄弟宮	破軍 權 丙子 夫妻宮	太陽 忌 乙亥 子女宮

周星飛：神佛道，正的能量就是祿，天梁祿天機祿貪狼祿武曲祿。生年甲廉貞祿入官祿宮，轉庚天同忌入疾厄宮，逢命宮夫妻宮丙天同祿來會，馬上就三祿了，再轉癸貪狼忌入福德，逢福德戊貪狼自化祿，貪狼四祿，所以這個也是學習的天分，有廉貞祿、天同祿、貪狼祿。看起來天同像快樂的、和善的，如土地公、彌勒佛。

學生丙：老師的意思是，我可能會有彌勒佛在保佑嗎？

周星飛：不一定，只說是這種類型的神明。神明也跟人一樣，分很多類型的。你的廉貞祿天同祿貪狼祿，這個強，當然是這種類型的神明多。還有田宅已貪狼權來會，所以你的天分不錯。還有遷移宮壬天梁祿入交友宮，轉辛文昌忌入福德宮，這個也很會交際，跟扯淡的飛化會吹牛皮。

但是也有破的地方，遷移交友有交忌。遷移壬武曲忌入財帛，交友辛文昌忌入福德宮，遷移和交友交忌在福財線上，會有下列的情況：

1. 容易特立獨行，超有個性。
2. 孤僻感很重。
3. 知己少。
4. 變成宅男女。
5. 沒機心，不會待人處世。

然後遷移跟父母也交忌了，父母宮丁巨門忌入田宅宮，轉己文曲忌入財帛宮，遷移宮壬武曲忌入財帛宮，遷移壬武曲忌入財帛，轉甲太陽忌入子女。父母丁巨門忌入田宅。遷移與父母交忌在子田線。所以遷移跟父母破了二次，你常常會忘東忘西，不會拍馬屁，學習力也差一點。

學生丙：嗯，經常這樣，我手機亂丟，不會看眼色。

周星飛：而且你是破了二次，普通人交忌一次，這個交忌二次，所以你不是普通人。

學生丙：說明我比一般人呆，啊哈，悲慘了。

周星飛：生年甲太陽忌入子女宮，轉乙太陰忌入父母宮，很重情義的一個人，對人際關係也是欠債的，所以躲起來，債主還是會上門來討。

學生丙：人際關係的債也要上門討啊，這麼壞。我前輩子肯定得罪了很多人。

周星飛：是啊，誰叫你生年忌入子女，要多小輩多付出的，所以說要積德一點。當然，這個也可能你發願過，要度眾生的，所以忌才會在交友三方。

學生丙：嗯，我會多做善事的。

十、自言下輩子回阿彌陀佛身邊

自言下輩子回阿彌陀佛身邊

我的斗數學習故事裡，有一個關鍵人物，就是一位通靈的人。他會畫圖，然後告訴每一個問命的人，要注意的過去、現在、未來事。我是透過看他的朋友的命盤，而了解這個人可能不簡單，進而去拜訪了他。然後，透過他告訴我的故事，開啟了我在學習斗數的過程中，如何從命盤上了解鬼神的事。

他自述這輩子結束之後，就回到阿彌陀佛的身邊去了。也透過他的描述，了解很多佛菩薩世界的事情。接著又透過他的命盤，了解為何他能回到阿彌陀佛的身邊。其命盤如上。

生年乙天機祿入福德，再轉癸貪狼忌入交友，逢子女疾厄戊貪狼祿來會，財帛夫妻己貪狼權來會，天機一祿，貪狼得「三祿二權」，再轉丙廉貞忌入疾厄，逢田宅甲廉貞祿來會。福報深厚而有錢，廉貞四祿二權之後，再轉戊天機忌入福德，又逢生年乙天機祿，官祿乙天機祿來會，天機有「六祿二權」的強大能力。

所以，他除了天分好之外，賺錢能力也強，二十歲就自己開設計公司了。他這種組合，如果在道家，也是容易是「上八仙等級的」。總是這種命盤有過人的天分跟才華，非常容易有錢。

那，回天上的那麼多，天分好的也那麼多，怎麼就他回阿彌陀佛身邊？其實這個命盤有個特點，就是財帛巳文曲自化忌，官祿乙太陰自化忌，命財官三方代表紅塵俗事，賺錢的宮位，那是不是代表以後都不用來紅塵打滾之象了？我也不知道，留著疑問，將來再研究吧。

他告訴我他的故事。他大概十幾歲就知道他的因緣了。他是來一下下就馬上要回去了，可是他不確定這個事。他後來有機會參加個團體，這個團體專門在教開發靈異能力，教講天語（天上的語言，多半在道教跟神明溝通是有這個東西）。這裡面都是所謂的奇人異士，我想中國大陸不是有很多特異功能的人嘛，和這些很像，他們都是具有很高靈性的一些人。那他就講了，他很頑皮，學了這些東西之後，可以操控某朵雲不要動。然後他說，覺得這個好像很厲害哦。然後有一天他就做了一件事情，他拿了臺灣地圖，比如看到台東，就想像哪裡有地震哦，結果沒過多久那裡真的有地震。他嚇一跳。真的是他弄的嗎？然後那裡的導師之類的看了他一眼，問他好玩嗎？他說什麼好玩。說你不要亂弄，因為你弄下去，地震就有六道眾生會有死傷，這些死傷就算到你頭上。他嚇了一跳，後來就不敢這樣玩了。

這個人二十多歲就當了老闆，很會畫畫，設計卡片廣告的老闆。他自從接觸開發靈力的團體之後，因為那裡面還要學習打坐，還有琴棋書畫之類的，然後他有一天有就突然會通靈了。怎麼通的？比如說他在給我看命的時候，就像電腦封包的資訊直接傳到他的大腦裡，他能解讀，解讀完畫圖給我看。他算命是這樣，會有一個資訊進入他頭腦裡，然後他畫成圖說給求算者聽。他每一次算都很多人。有一次（當然是我們看的）有個男的去算，他畫了個大桃子、大桃子裡面好像有蛀蟲。他對求算者說你正在走桃花運，這個桃花很有錢，可似乎是有問題的。這個求算者說，他最近和黑道大哥的女兒打得火熱，他很怕被斷手腳。就當笑話一則。人家既然畫得出來，表示他有那能力嘛。

回到這個命盤，通常具有高靈力的人，是福德宮的緣故。福德宮屬於精神位，是阿賴耶識層次的問題。所以呢，命盤上可以看到鬼神，只是會看的人並不多，因為沒有去想嘛。一般斗數的學習都在妻友子財，其實斗數一開始就是用來看一個人修行的天分好不好、可以修到什麼成就、什麼時候可以有突破。它是命理不是風水。就像八字用途，你不能說是用來看風水的。山醫命相卜中間會混合的用，因為畢竟會風水的會點斗數、會點八字。

十一、有神也有鬼的塔羅牌老師

有神也有鬼的塔羅牌老師

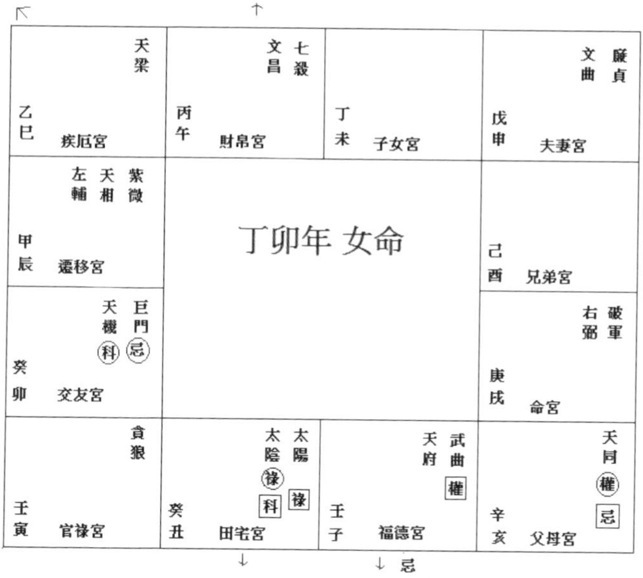

命主是一位非常厲害的塔羅牌老師，有女神保佑。太陰祿+貪狼祿，家裡有供奉女神，未必是中國的神明。

因為算命算多了，難免都會卡到「鬼」「狐妖」之類的。

交友坐生年丁巨門忌，再轉癸貪狼忌入官祿。巨門忌+貪狼忌，容易因為「顧客、朋友」而卡到這些的。所以，利不厲害看命盤就知道，但是只看厲害，而不看影響，就怕後患無窮。

十二、鬼怪得利之象，念經迴向給鬼怪，能禍為福

鬼怪得利之象，念經回向給鬼怪，能轉禍為福

天梁 丁巳 兄弟宮	七殺 戊午 6 - 15 命宮	己未 16 - 25 父母宮	廉貞 庚申 26 - 35 福德宮 24歲
紫微 天相 左輔 丙辰 夫妻宮	癸酉年 女命		辛酉 田宅宮
← 巨門(權) 天機[忌] 乙卯 子女宮			破軍(祿) 右弼[科] 壬戌 官祿宮
貪狼(忌)[祿] 文昌 甲寅 財帛宮	太陽 太陰(科)[權] 乙丑 疾厄宮 ↓忌	武曲 天府 文曲 甲子 遷移宮 ↓	天同 癸亥 交友宮

祺秀的盤，持咒迴向的好孩子。

祺秀：我看我的盤好像家道中落有點厲害，還都忌到疾厄，可能是我不想繼續讀書的原因，而且還真的沒法繼續讀吧，看交忌完了還自化忌。

周星飛：文昌忌、貪狼忌、太陽忌、太陰忌，很容易就住墓的附近、鬼怪的附近。

祺秀：我住宿舍啊，舍友總把衣服掛我旁邊，黑乎乎的，跟洞似的。宿舍經常拉著窗簾，黑洞洞，床上有床簾，昨天舍友還夢見鬼。

周星飛：不過，命戊貪狼祿入財帛，逢生年癸貪狼忌，這個看起來妳對鬼還

不錯呢。再轉甲太陽忌入疾厄，逢福德庚太陽祿來會，難道妳會持咒迴向給祂們？喲！不錯喔。貪狼忌、太陽忌，因為妳的命宮跟福德宮而得祿，祂們有救了。

祺秀：我沒事念地藏經祂們，前幾天哥哥生病有念地藏給哥哥。

周星飛：妳好好念了，祂們會很感謝妳的，然後疾厄再乙太陰自化忌。有些就會離開了，所以，妳放心吧，妳好好念一定會轉好的，反正，我看到妳會有利於祂們，祂們很巴結著妳。

祺秀：怪不得我不怕祂們呢，小時候覺得好像會有保護我的。這麼沖父母，是不是真的沒得讀書？

周星飛：不會啦，祂們走了之後，就好多了。父母已武曲祿入遷移，已文曲忌入遷移，其實就會有二個極端的好、壞學校讓妳選，如果妳持咒迴向少，那就是壞學校，或是沒學校。如果多的話就是好學校。妳自己選擇了。

祺秀：哇，還能這樣呢。

周星飛：命理當然有選擇的，看福報的多少，就像十塊只能吃自助餐，一百元能吃大餐，重點在於你多少錢，不在自助餐還是大餐。

祺秀：嗯！所以多修福報，還有自己好好選擇。謝謝老師。

周星飛：要整理啊，我也愈來愈看得懂命盤在說啥了。

十三、紫占問事（佛龕的盤，排紫微命盤，用當下的時間來問事）

紫占問事，用問事的當下時間排命盤

↖忌　　↑忌(boxed)　　↑

<table>
<tr><td>天同 文昌
辛巳　13 - 22
兄弟宮</td><td>武曲 天府
壬午　3 - 12
命宮</td><td>太陽 太陰
忌(circled)
癸未　父母宮</td><td>貪狼
甲申　福德宮</td></tr>
<tr><td>破軍
庚辰　夫妻宮</td><td colspan="2" rowspan="2">陽曆：2015年12月10日10時
陰曆：乙未年十月二十九日巳時
性別：男</td><td>天機 巨門 文曲
祿(circled)
乙酉　田宅宮　→祿</td></tr>
<tr><td>己卯　子女宮</td><td>紫微 天相
科(circled)　權(boxed)
丙戌　官祿宮</td></tr>
<tr><td>廉貞
戊寅　財帛宮</td><td>左輔 右弼
科(boxed)
己丑　疾厄宮</td><td>七殺
戊子　遷移宮</td><td>天梁
權(circled)　祿(boxed)
丁亥　交友宮</td></tr>
</table>

周星飛：父母有生年乙太陰忌，說的就是孝順、愛讀書，又逢癸太陰自化科，可能同時有二至四個課目在學習著，再轉癸貪狼忌入福德，讀書讀自己喜歡的，喜歡就不睡覺也讀。逢遷移財帛戊貪狼祿來會，當然能找到好的，還能有賺錢的機會，有錢途。不過畢竟是太陰忌＋貪狼忌，所以不吉中帶吉，或可以說先學到不好再學到好的。不過生年忌入父母，不好的已經卡在父母宮，所以再怎麼學底子都有問題，像蓋房子一樣，一開始地基都有問題了。

佛龕：老師，偶也出家了，一定注意，踏踏實實的學基礎，謝謝老師指點。

周星飛：父母坐生年乙太陰忌，癸貪狼忌入福德，也是已經收藏在阿賴耶識裡了，所以可以想像第二大限所學的東西，必然不是什麼好東西，相應父母福德。

佛龕：以前走了超多彎路，那都是出家前的事，老師看得準。

周星飛：科是三，自化科是二至四。所以父母有癸太陰自化科，就容易學二至四門學問，也可以說專一是忌，配合二至四個其他的

佛龕：求老師指點，偶苦練八識心王能成功嗎？

周星飛：成功可以，不過第二大限所學的，必然會障礙。

佛龕：是的，以前那些孽障天天晚上來騷擾。

周星飛：太陰忌本來就是有月亮才會出來，貪狼忌是動物精怪，可以想見你大概也是玩了什麼精怪或是妖的，而且夫妻還是庚太陽祿入父母，福德以甲太陽忌入父母，這個在第二大限就動婚之象了。

佛龕：嗯，以前歲數小，一個狐狸托夢說想跟我走，偶就答允了，結果甩不掉。還有一個男鬼，偶也不相信，就按照男鬼說的去了他後代人家裡，結果都得到驗證。

周星飛：你不會去找了幾個女鬼吧？明年又是踏福德又是甲太陽忌入父母，逢夫妻庚太陽祿來會。和尚又要動婚了？不會吧？

佛龕：不敢瞞老師，一個人追我想結婚，說明年必須結婚。

學生甲：和尚都有人追？

佛龕：木有，偶是道士。求老師慈悲，如何擺脫那些業障。

周星飛：那是你的問題耶，躲起來就好了。

佛龕：已經躲起來了。老師測得神準，確實四門。奇門遁甲、金口訣、一掌經，加上現在想學斗數。老師神準。先請示老師，說什麼要聽老師的。

周星飛：沒事了，剩下的就自己想吧，這個就是紫占，跟抽簽卜卦一樣。

佛龕：紫占名不虛傳。

周星飛：我只能說，你想太多了，一門深入即可，說實在的，父母宮還是太多忌了，保證學多更混亂，最後會像電線走火一下，腦袋發出「滋滋」的聲音，然後就通通都忘記了。

佛龕：對對。曾經偶差點瘋掉，當時為了學好奇門遁甲，偶自學兩年的曆法，每天在堆積如山的稿件裡計算曆法，那段時間差點瘋了。

周星飛：你好好的學斗數，其他的都先停了，這是第一件事。第二件事，貪狼祿也是咒、修仙之道。

佛龕：準，偶正在修密咒。

周星飛：所以，要迴向給祂，你迴向給祂的話，明年就有機會成仙。

佛龕：老師，我記住您的話了，一定多多迴向。

周星飛：現在還只是動物精而已，修行功力夠了，也向善了，就會成仙，狐仙之類的，而不是妖。

佛龕：老師，偶今年初也想炒股來著，結果開戶機器出毛病，去銀行系統升級，轉帳系統崩潰，總之各種不行，偶就警覺了，即時使放棄，結果沒到半個月，股市大跌。狐狸老太太說偶木有偏財，不讓貪心，驗證了。

周星飛：不是。狐大仙要成仙了，你就有錢了，明年就會成仙了。

佛龕：老師，偶貌似跟狐狸好有緣分呢，我師兄道觀後山的狐狸都跟我玩耍，偶每次去都能領著一大群狐狸到廟裡呢。謝謝老師指點。

周星飛：你是走歪了，不過你有很重的仙佛緣。太陰祿＋貪狼祿（備註：此命盤很像虛雲老和尚的命盤，請往上參考），所以每個狐看到了都來巴結你，你一樣都要念經迴向給祂們，要讓祂們走善道。

佛龕：嗯，聽師父的，自此念經就迴向給祂們。以前我很倒楣，每次倒楣的時候就去找土地廟念叨，然後就有好運氣，很靈驗。

周星飛：而且你過了今年就通多了，你也快發財了。難道是因為結婚？不過，父母的乙太陰忌是老婆的田宅，再轉癸貪狼忌入福德，這個也說老婆家裡也是狐狸一大堆，等著你去度。

佛龕：還有好多鬼，這輩子算逃不掉了。老師，偶住在哪裡，哪裡鬼就多起來。偶木有財運，一直都是，只有幫助別人的時候財會很好，自己一貪心單獨做就沒財運。偶想明白了，以後都不會去求財，一心幫助別人。

周星飛：你，還是學好一點。傳說玄天上帝度龜蛇二精，今有佛龕度眾多狐類，也是善事一件。

佛龕：老師說笑了。春天，偶就勸了一個官員，他捐了一車米麵，偶監督發給貧戶了。

周星飛：不說笑的。你將來也是名列仙班的。

佛龕：有個地方很靈驗，您也可以去試試，山東青島小珠山狐仙洞，十分靈驗。當地縣誌有記載的，跟佛門高僧鬥法來著。

周星飛：不過這樣子說，我看你也曾經是狐仙的頭頭吧？所以才會有一堆的狐來找你，和狗也是，貪狼也是狗類四隻腳的。

佛龕：等有機緣拜在老師門下，定當說清前塵往事。是的，老師，偶養了一隻狗狗，牠好奇怪，月圓的時候居然坐在那裡傻傻的望著月亮。

十四、今年請神入田宅（二〇一四年命例）

今年請神入田宅　2014年命例

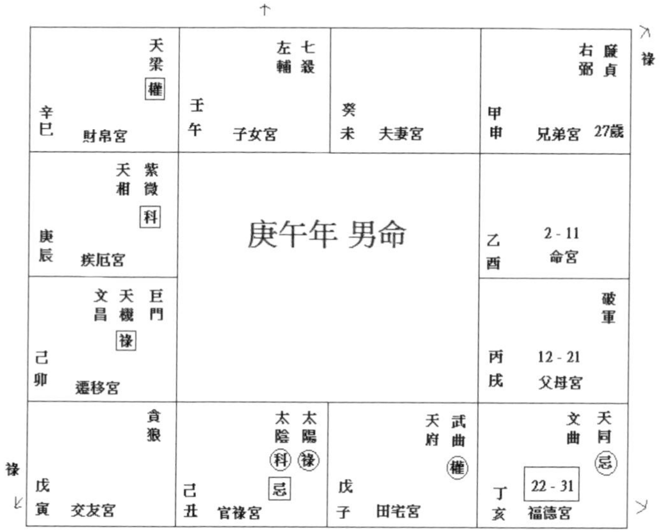

學生甲：老師，今年我幾乎都中斷學習斗數了，在盤上看應該是怎麼回事呢？

周星飛：多重因素，急功近利，忙工作。

學生甲：嗯，是的，忙學業，我是這樣認為的。我其實是很想學，但真的忙成狗了。

周星飛：今年家裡有請神？關二爺？

學生甲：沒有啊。有觀音和彌勒佛，都是很早以前的了。

周星飛：那今年有護法到你家了，武曲祿權，很大的護法神。

學生甲：是好事嗎？老師真厲害啊。我在國外不知道，剛才問女朋友確有這事。是三尊車載的菩薩像，還有一尊功夫茶上的佛，今年拿到家裡了。放在車上，保佑平安的那種，大概有一個拳頭那麼大。

周星飛：護法神為何到你家？子女壬武曲忌入田宅，忌是小，放在家裡就變大了。逢生年庚武曲權，也可能放在大房子裡！要放家裡的正北方。

學生甲：車裡那個不知道，很早就有了。大小怎麼會改變呢？

周星飛：田宅生年庚武曲權。神力，山不在高，有仙則靈。神像不在大小。要放家裡的正北方位，拿羅盤。你應該有某些不正確的信仰，行為也是。

學生甲：是宗教方面？到目前為止應該還沒用，我就一讀書郎。

周星飛：該把弟子規背一背了。多讀點聖賢書。

學生甲：那大概什麼時候能重拾斗數呢？我已經有個讀書列表了。哈哈。排遣孤獨寂寞的良友啊。

周星飛：明年，巨門祿權忌，但是也可能雜學，其他五術命理。不是只學飛星，不是那樣純粹的。

所謂請神入田宅的命理，大概就是四化入田宅，尤其是「夫妻、福德、遷移」之類的祿權科入田宅。

學生乙：我的田宅只有一個官祿壬天梁祿入，遷移和福德都沒串聯到。

周星飛：那也是有神啊。天梁神，最高等的神。

學生乙：官祿也可以嗎？

周星飛：也可以。那表示你工作的行業是不錯的，能累積福報。

學生乙：家裡確實有拜天公，什麼娘？普通話不會說。

周星飛：天公就是很高等的。

學生乙：師父厲害。只要四化入田宅的，都可以這樣看啊？

周星飛：是。忌，當然比較不好。

學生乙：師父，剛剛那個盤……身體會不會出什麼問題啊？疾厄和遷移忌入福德，逢生年忌。

周星飛：可能。

十五、西藏人，祖上為「活佛級的修行人」，常遇到高量的善知識

西藏人，祖父是活佛級的修行人

↖ 祿　　↑ 忌

武曲 破軍 癸巳 疾厄宮	太陽 甲午 財帛宮	天府 乙未 子女宮	31歲 天機 權(生年) 忌 太陰 權 丙申 夫妻宮
天同 祿(生年) 右弼 科 壬辰 遷移宮	丙寅年 男命		紫微 貪狼 祿 丁酉 兄弟宮
庚卯 交友宮			巨門 左輔 戊戌 3 - 12 命宮
文曲 辛寅 官祿宮	廉貞 忌(生年) 七殺 辛丑 田宅宮	天梁 文昌 科(生年) 庚子 23 - 32 福德宮	天相 己亥 13 - 22 父母宮

此命盤是非常有命理天分的學生，而且能常常遇到好老師。非常聰明的。生年天同祿入遷移，再轉壬武曲忌入疾厄，逢父母己武曲祿來會，再轉癸貪狼忌入兄弟，逢命戊貪狼祿。所以此人非常聰明、圓融、交際手腕好，而且能有很高的成就，是「總經理以上的命格」。自己創業，或是幫人做事當總經理，都是適合的。

祖上是活佛級的修行人，家世背景好。不過，田宅辛文昌忌入福德，再轉庚天同忌入遷移，這個也有家道中落之象。所以，整個家族處於一直分家、分裂的狀態。

第三篇

阿修羅篇

一、阿修羅世界的解釋

佛經中經常講到「修羅」。阿修羅道非常特別，佛經說阿修羅男身形醜惡，阿修羅女端正美貌。故阿修羅王常常和帝釋天戰鬥，因阿修羅有美女而無美食，帝釋天有美食而乏美女，兩神相互妒忌，常常爭戰。俗謂戰場為修羅場。

法華經序品列有四個阿修羅王，即婆稚阿修羅王、佉羅騫馱阿修羅王、毗摩質多羅阿修羅王、羅侯阿修羅王。婆稚，意為勇健，是阿修羅與帝釋天作戰的前軍統帥；佉羅騫馱，意為吼聲如雷，亦名寬肩，因其兩肩寬闊，能使海水洶湧，嘯吼如雷鳴；毗摩質多羅，意為花環，其形有九頭，每頭有千眼，九百九十手，八足，口中吐火；羅侯，意為覆障，因其能以巨手覆障日月之光。每位阿修羅王都統領千萬名阿修羅，稱為阿修羅眾，或稱阿修羅眷屬。

出生為阿修羅的業因為何？佛教諸經論多說為瞋、慢、疑三種。《佛為首迦長者說業報差別經》卷一舉列十種能令眾生得阿修羅報之業因：身行微惡、口行微惡、意行微惡、起憍慢、起我慢、起增上慢、起大慢、起邪慢、起慢慢、回諸善根向修羅趣。

二、標準「阿修羅」個性的人

標準阿修羅個性的人

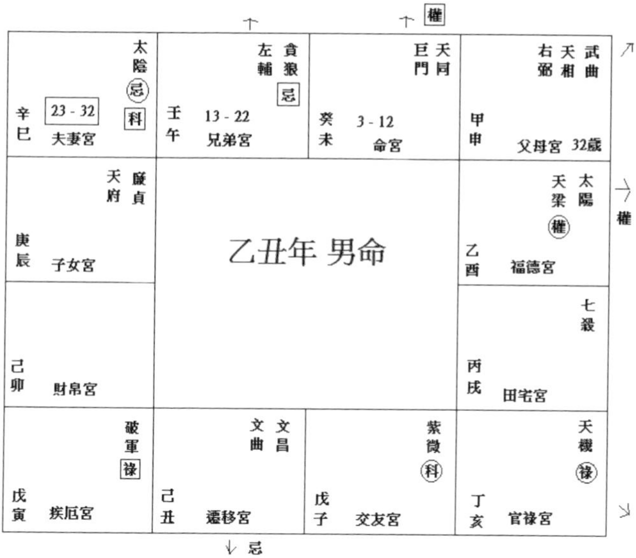

周星飛：

1. 你命宮癸巨門自化權。
2. 福德坐生年乙天梁權、乙天梁自化權。
3. 福德乙太陰忌入夫妻，逢生年乙太陰忌。再轉辛文昌忌入遷移，遷移雙忌。

是一個標準「阿修羅」個性的人。

三、阿修羅命盤之二：

阿修羅命盤之二

天機 忌(圈) 丁巳 遷移宮	紫微 戊午 疾厄宮	己未 財帛宮	破軍 祿(框) 庚申 子女宮
七殺 丙辰 交友宮	戊辰年 男命 1、命宮、福德宮見權，容易是阿修羅的個性 2、遷移、父母見忌，容易個性太直。沖動。		辛酉 夫妻宮
太陽 天梁 文曲 乙卯 官祿宮			廉貞 天府 壬戌 兄弟宮
武曲 天相 右弼 科(圈) 甲寅 田宅宮	天同 巨門 權(框) 22 - 31 乙丑 福德宮	貪狼 左輔 祿(圈) 忌(框) 12 - 21 甲子 父母宮	太陰 文昌 權(圈) 2 - 11 癸亥 命宮

科(框)

1. 福德見命巨門權，命宮見太陰生年權。
2. 遷移坐生年戊天機忌，再轉丁巨門忌入福德，視同福德也有生年忌。
3. 父母見命宮的癸貪狼忌。所以，也容易是阿修羅道下來的。
4. 遷移父母見忌，容易個性太直。

阿修羅的個性，容易離婚的命盤

天機 祿 丁巳 官祿宮	紫微 科 戊午 交友宮	己未 遷移宮	破軍 祿 庚申 疾厄宮
七殺 文曲 丙辰 34 - 43 田宅宮	癸亥年 女命		辛酉 財帛宮
太陽 天梁 左輔 權 乙卯 24 - 33 福德宮			廉貞 天府 文昌 壬戌 子女宮
武曲 天相 甲寅 14 - 23 父母宮	巨門 天同 權 乙丑 4 - 13 命宮	貪狼 忌 甲子 兄弟宮	太陰 右弼 科 忌 癸亥 夫妻宮

權

周星飛：命、福德乙太陰忌入夫妻，轉癸貪狼忌入兄弟，妳執著感情，也很挑剔感情，夫妻癸貪狼忌入兄弟，沖交友，也是感情保守，不會對朋友說。

學生乙：命跟福德交忌，心性不一？

周星飛：不對，是專一，更專一。沖官祿，有換工作？轉忌入兄弟，想作大事，逢夫妻癸太陰生年科，夫妻癸太陰自化科，妳對感情又很客氣，拖拖拉拉的，有點矯情，執情又矯情，想吃又要推三阻四的。官祿丁太陰祿入夫妻，可能感情來自於工作，或是工作對感情有幫助。交友戊太陰權入夫妻，同事、朋友會強迫妳去追求感情，或是大力支持妳的感情。

看離婚，今年要離，寫一下夫妻宮的忌轉忌。

學生乙：夫妻癸貪狼忌入兄弟，轉甲太陽忌入福德，逢生年癸貪狼忌。

周星飛：這個也可能老公為了成就在外打拚，分居分床，或是老公沒在床上給妳幸福，不常睡在床上。轉甲太陽忌入福德，很煩，想不開。不過福德有天梁雙權，所以妳真的要離，只要發揮一下雙忌、雙權的威力，打一打就有結果了。父母也甲太陽忌入福德，所以長輩也可能給妳煩惱。

有離婚的條件，七月踏子女宮、八月踏夫妻、九月踏兄弟、十一月踏父母，這三個月都很可能會離，如果父母的忌再進來，大概就離了，所以長輩應該有意見了。

科也有三個月，所以大概從這個月算起，應該有三個月的時間，可能就到父母宮命宮，離婚會有結果。

學生乙：因老公婚前未交待婚前有女友，所以想離。

周星飛：夫妻跟田宅交祿，家裡不會找不到老公的。命有權，福德有權。生年癸貪狼忌入兄弟，轉甲太陽忌入福德。福德有權忌，這種也是阿修羅的個性，瞋恨心很重。

她的父母宮很漂亮，田宅有天機祿，遷移有破軍祿，所以她的上一代，不管在生意或官場都是好料子。

學生乙：爸爸是做生意的，爺爺是地主，不過瘋了。

周星飛：遷移的問題，寫一下遷移的忌跟爺爺遷移的忌。

遷移宮己文曲忌入田宅，轉丙廉貞忌入子女宮，財帛宮（爺爺的遷移宮）辛文昌忌入子女宮交忌、破了，爺爺有不順利之處。生意人只要看生年祿命祿，落在遷移兄弟田宅財帛都有可能是生意人的命格。

所以，借盤看命主的父親，遷移有破軍祿，田宅有天機祿，當然也是生意人的命格。

我的老婆拿東西砸我

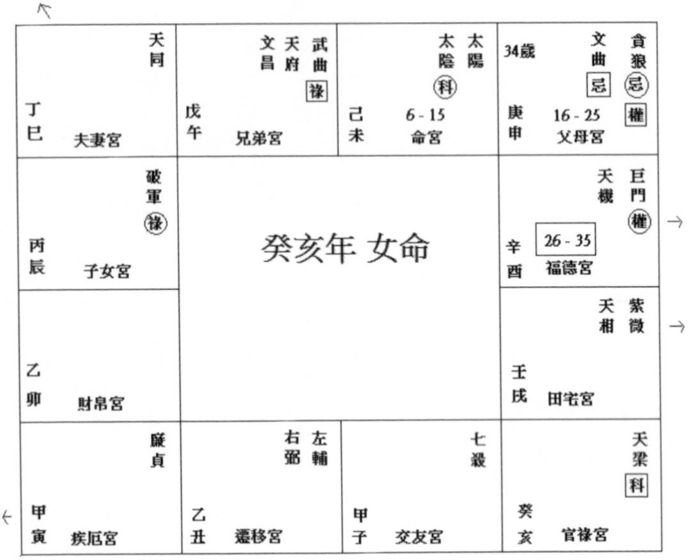

學生癸：真沒少折磨我哪，我老婆情緒失控起來吵架火爆啊，手裡有什麼砸什麼。用手機直接砸我，都壞了一個六P、一個五S了……我老婆的父母宮還飛忌到我這來。

周星飛：多念經吧，迴向給老婆吧，少抱怨了。你老婆身材好啊，廉貞多祿，串聯子女宮，只能說魅力無法擋，你老婆今年身材可能又提升一個杯了。所以你看她的身材就好，剩下都不要看了。

學生癸：老師你是真不知道今年踏父母宮，砸手機、砸眼鏡、砸電視機遙控器。關鍵是那個砸的目標不是地上，是我，人啊。我頭上都中過兩次傷了，她還覺得自己沒錯。

周星飛：人都是看優點，你還能忍就繼續吧！對了，下次記得戴鋼盔就不會受傷了。

學生癸：最最讓我無語的是，我說妳這樣不是解決問題的態度，也不聽我說完，直接對我說「我就這樣，你拿我怎麼樣」，說得還特別理直氣壯。我只好把要說的話憋回去了。因為她這句話是所有話題的終點，完全無法繼續討論。所有的話題她都可以用這句話來頂我——我就這樣，你拿我怎麼樣！今年真的特別嚴重。踏到不光和我這樣，還和我老媽吵。

周星飛：學命理就要忍耐啊，說明砸人是有道理的，這個也是阿修羅女。

學生癸：老師說過，這個是跟我下來的。

周星飛：人家說啊勸和不勸離。我也只能跟著這樣子說，但是心裡是想著，這種破五忌在父母的沒理智。父母是「理智宮位」，這個是完全沒理智的人，更可能是腦袋空空或是常常失憶，砸了你之後，突然清醒過來說，老公是誰打你的？

學生癸：我說她的腦子不適合做主管。我真的旺她啊。她和我結婚之後，二〇一四年甲午年莫名的被提到主管自己開始做專案了。

周星飛：所以只能跟你說，多念經迴向給她吧，算命的不要動不動就拆散人家的因緣，這是很危險的事情。只是學了命理之後，自己內心要清楚，好壞了然於心。總是欠債，念經迴向就當作一種錢給她。多念經了。一切都是因緣，緣來了就在一起，緣盡了就分開。都不要帶有什麼情緒，就會讓因果劃下休止符。

學生癸：應該這麼來說，她除了情緒失控的時候，其他時候都挺好的。

周星飛：父母也是理智，上課的時候有說過，卡陰就是這種道理，一生氣，腦袋整個空白，就是父母多忌。怎麼一清醒的時候，人就正常了？真是怪事。好像是人格分裂一樣，身體裡有兩個人。

學生癸：「你老婆今年身材，可能又提升一個杯了」，這個學理是什麼飛化？因為貌似是事實。

周星飛：大限疾厄子女宮坐生年癸破軍祿，再以丙廉貞忌入疾厄，逢廉貞自化祿，相應了。交友（競爭位）再以甲廉貞祿來會，照父母宮是流年命宮，子女是性慾，疾厄是肉體，所以應該身材變更好了。廉貞自化祿在疾厄，看起來就不錯了，後面交實祿是更紮實。比如說，身材好還要墊個什麼「水餃」的，本來是C杯墊一下就變D。那現在不用墊直接就是D。自化祿總是看上去不錯，但還是有虛象，胸明明只有C，但是透過穿胸罩就大一點，或者墊一個胸墊的，自化祿之象。就是這樣子看起來好像不錯，其實還是有點虛，不飽滿。

但是現在交實祿，連墊都不用墊了，就是大，然後再加自化祿更大，本來是C變D。現在紮實的D了，而且看起來更像E。

學生癸：怪不得，我記得上次說過我老婆的怎麼感覺看上去大了？

周星飛：我看命盤就知道變大了，你這個二百五還要摸、還要看才知道。哈哈。

學生癸：不過，老師，上個農曆月就是癸巳月，我老婆脖子痛得不能動了。這個父母宮沖疾厄宮還是很明顯的。

周星飛：貪狼忌，是脊椎或是肩鎖關節歪了。脊椎往左偏，或是左邊的肩鎖關節脫臼、受傷了。

第四篇

鬼妖的相關命例

一、住的不乾淨：田宅跟「遷移、福德、夫妻」交忌

住的地方不乾淨

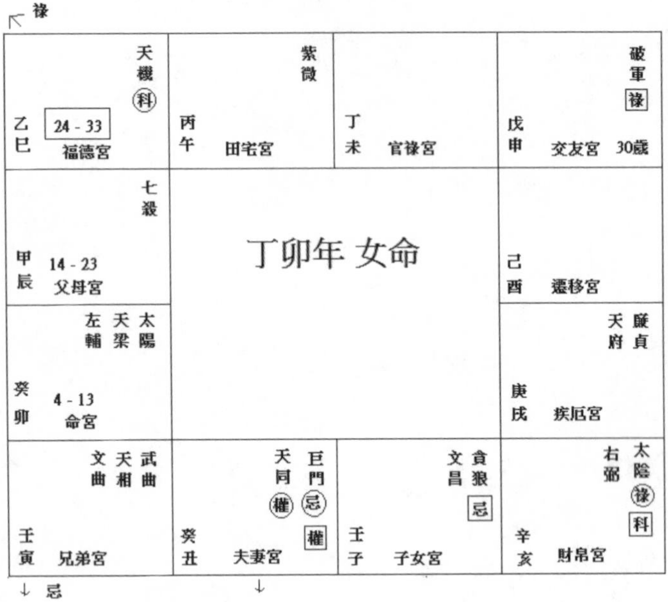

學生甲：我住來住去還是住進墳堆裡，了三面都是被墳頭包圍，住的新社區，旁邊的莊稼地還沒建住宅，都是墳頭，過幾年周圍都蓋樓就不是墳頭了。

周星飛：這種一樣地下還是很不乾淨。

學生乙：廉貞忌＋天同忌＋巨門忌的原因？

周星飛：破愈多忌，愈麻煩。田宅丙廉貞忌入疾厄，再轉庚天同忌入夫妻，逢生年丁巨門忌。田宅跟「遷移、福德、夫妻」交愈多忌，住的地方容易很不好。墓、環境爛、破爛的房子、邪廟……串聯巨門忌之類的，常見跳樓、墓、醫院、

邪廟等風水極怪異的地方。

學生乙：那田宅跟遷移、福德、夫妻交祿權，會不會住的地方就乾淨些？如果串聯天梁、貪狼，天機祿權，會不會是正派修行多的地方？

周星飛：田宅跟遷移、福德、夫妻交祿，或是交祿權，這種除了住風水好的地方，也容易會興家旺宅。如果串聯，天梁、貪狼、天機祿權，除了住好地方之外，也容易家庭跟高等神明有緣，家中也適合修行。

二、繼母在房裡擺她父母的相片

繼母在房間裡擺她死去父母的相片

↖祿

天機 科 乙巳 官祿宮	紫微 丙午 交友宮	丁未 遷移宮	破軍 祿 戊申 疾厄宮 30歲
七殺 甲辰 田宅宮	丁卯年 男命		己酉 財帛宮
太陽 天梁 癸卯 福德宮			廉貞 天府 庚戌 子女宮
武曲 天相 文曲 壬寅 父母宮	巨門 忌 天同 權 左輔 右弼 癸丑 3 - 12 命宮	貪狼 忌 文昌 壬子 13 - 22 兄弟宮	太陰 祿 科 辛亥 23 - 32 夫妻宮

↓忌　↓權

周星飛：田宅甲太陽忌入福德，再轉癸貪狼忌入兄弟。命宮坐生年丁巨門忌，再轉癸貪狼忌入兄弟，巨門忌太陽忌貪狼忌，容易跟古董、棺材、邪廟有關。你家有古董？再串聯巨門忌，還是你家附近有什麼大仙廟？忌都在卯（正東）、丑（正北偏東）、子（正北）上。你看看你家中的這些方位，有沒有比較古老奇怪的東西？

學生甲：好像沒啊……我沒聽我爸爸說過，老師我嚇得出汗了。我後母把她爸媽的照片掛在臥室裡，他們都過世了。我想起來了，前幾個月才弄的。我還說了，她說沒事周星飛：死人的相片沒人擺房間的，而且會招雙姓祖先打架。你的祖先跟繼母的父母都在同一個家裡，祖先會爭香火，在世的子孫就不得安寧了。一家不能同時有雙姓祖先的。這個是風水上的問題。

學生甲：等於說不能擺？好，我懂了，謝謝老師提醒。

三、夢中到墓園

夢中到墓園

太陽(祿) 右弼 辛巳 23-32 夫妻宮	破軍[祿] 壬午 13-22 兄弟宮	天機 癸未 3-12 命宮	紫微 天府 甲申 父母宮 47歲
武曲(權) 文曲 庚辰 33-42 子女宮	庚戌年 女命		太陰(科)[科] 左輔 乙酉 福德宮 → 忌
天同(忌) 己卯 [43-52] 財帛宮			貪狼[忌] 文昌 丙戌 田宅宮 →
七殺 戊寅 疾厄宮	天梁 己丑 遷移宮	廉貞 天相 戊子 交友宮	巨門[權] 丁亥 官祿宮 → 忌

學生甲：前幾天晚上我做夢，夢到我去一個山上，那裡好像都是墓地，當時夢中提示的是烈士墓，我還在那時雙手合十，口中念南無阿彌陀佛。第二天醒來，就不舒服，沒力氣，但這個夢好清晰，這幾天都一直念經迴向那些烈士們。我醒了後，就想到我的命盤，想到子女宮有生年武曲權。當時你和我說過，是一個武將來的，所以夢中的那個提示我醒來後就照做了。初一那天放生，也迴向了他們，師父，這樣想可對否？

周星飛：跑了那麼遠，當然會累。跑去的方位，天同生年忌在卯，再轉巳文曲忌入辰，對宮有貪狼忌文昌忌，可能在戌位的方位上，戊位是正西偏北。父母甲太陽忌入兄弟，再轉辛文昌忌入田宅，逢命宮癸貪狼忌入田宅，因為有太陽忌就會串聯貪狼忌，不見天日、棺木。

學生甲：這幾天一直沒精神，我明天還準備去參加焰口。

學生乙：那是不是地基上有些小問題？

周星飛：所以，也算卡陰。這麼多忌入子田線上，我看也是古戰場，古墓多，死人多。

學生甲：對呀，你以前講過，護我的那個是一個大武將來的。

周星飛：你也是修行的，命以癸貪狼忌入田宅，逢疾厄交友戊貪狼祿來會。你修行是在家修的，而且會有很多人一起到你家共修。所以，要好好的把握機會。修行到處都能修，可以提振精神，念經迴向即可，不過可以加上觀想。為何一般來說迴向效用小，是因為我們慈悲心少。「無緣大慈，同體大悲」，有緣沒緣的都要念，才是慈。何謂同體？有沒有想過他們多麼苦？同體大悲很困難的事。我們沒有當鬼的經驗，所以不知如何痛苦。如果迴向的時候，加一點想像他們的苦，可能效果更大，可以試一試。

感情上卡陰，可能會被騙錢

巨門 癸巳 疾厄宮	廉貞 忌 天相 甲午 43 - 52 財帛宮	天梁 左輔 右弼 科 乙未 33 - 42 子女宮	七殺 丙申 23 - 32 夫妻宮 51歲
貪狼 祿 壬辰 遷移宮	丙午年 女命		天同 祿 丁酉 13 - 22 兄弟宮
太陰 權 文昌 科 庚卯 交友宮			武曲 戊戌 3 - 12 命宮
紫微 天府 辛寅 官祿宮	天機 權 忌 辛丑 田宅宮	破軍 庚子 福德宮	太陽 文曲 己亥 父母宮

學生甲：我這個朋友今年不知發啥神經，一直要去創業。老公反對，女兒也反對。最關鍵的是，她的錢已經投進去了，她都不知道是投資啥東東。老公問她，是關於什麼的，她也說不清楚，昨天她說她投資的專案帶有神秘性質，不能說破的。所以，她老公如何問她，她都不說，她現在和老公冷戰好長時間了。為啥創業還不能說呢？就搞不明白了。她女兒說：「老媽，妳以前一直沒有做過事，現在都這麼大年紀了，就不要再折騰了。」她和這個朋友是去年透過微信認識的，微信一起認識的還有另外一個人，那個人又懂這些命理。就告訴我朋友，說這個項目可以做。前天，我朋友連家人都不管了，

跑去和那個會命理的人吃飯。那個會命理的人，我見過，我從心裡有點排斥。昨天我聽她說，前天去吃飯時，又認識了一個神婆。她說這些時，我才懷疑她會不會被人設圈套。說是做了十幾年的神婆。現在她不管老公，不管女兒，天天都不在家，只要有人叫，就會往外跑。她去年認識那個懂命理的人後，還在那裡做了身體，全身的那種。我朋友本來就信佛，我吃齋還是她帶的，她女兒剛放假回來，想叫她和她老公一起吃飯。我朋友說，她老公沒有提前約她，就跑去和那個懂命理的人吃飯了，說到我就怕怕。

周星飛：夫妻以丙廉貞忌入財帛，又逢生年丙廉貞忌，感情對象要她的錢。再轉甲太陽忌入父母，忌入父母也是沒理智之象，不過逢父母已文曲自化忌，時間過了，業力消退，就會清醒了。妳就當她感情上卡陰就好，有時候要敗光財產就是會這個樣子。人話聽不懂，人講講不聽，鬼牽直直走。所以，這個就報警算了，不然你拿棒子去敲他頭？報警就好。剩下就不用太理了。等被騙光的時候自然會清醒的。

學生甲：師父，那我朋友有沒有得救呀？

周星飛：這個就是有點家道中落之象。

1. 敗光就會清醒了。

2. 這個錢敗光就算了，千萬不要再賠其他的進去了。

比如說其他的錢、人就不要再進去了。

學生甲：估計也不會敗光。她說她老公把財政大權收回去了。以前是她管錢。那我要不要提醒她一下呀。

周星飛：提醒她什麼？他家人都沒轍了。妳就跟他老公說，劃清界線就好，傷害到此為止了。遇到這種事只能看著掉到坑裡，一點辦法也沒有，要習慣這種事。

學生甲：嗯，師父，那她這個樣子，會不會對身邊的朋友也有傷害？

周星飛：可能，劃清界線就好了。

學生甲：那我已訂好了船票了，和她一起去旅行，會不會有問題呀？本來還有另外兩個朋友一起去香港，她們昨天臨時不去了。

周星飛：怕就不要去啊。通常這種人運勢低，才會不清醒，就像卡陰一樣。

故事後續發展

學生甲：當時師父說這個朋友中邪了，現在看來還真是的，上次投了錢進去，被老公知道，一直吵架、冷戰。這個月剛剛好，她又投資了一個產品，不知道她這次會不會幸運賺錢？聽她說目前已賺錢了，但她昨天和我一說，我就認為是個騙局，不知道是我錯了，還是她錯了？

周星飛：今年想錢想瘋了，踏財帛宮得生年丙廉貞忌。然後流年福德宮丙廉貞忌入財帛，又逢生年丙廉貞忌，而且是夫妻丙廉貞忌入財帛，如果跟她遊說去投資的又剛好是「男的」，那保證死路一條。

學生甲：是呀，她又不是沒有錢。只因為老公把她錢收了，她說要去賺錢給老公看看。我早前叫她買基金，她說太慢了，賺了六個多點，昨天取出來，不知道會不會把錢投進去。

周星飛：妳啊，叫她作一件事，就是多布施啊。這個命主格局高，不用擔心錢的問題。

學生乙：老師怎麼定格局？

學生甲：她老公做生意的，還是可以的。

周星飛：所謂的格局，在兄弟、遷移、田宅之類的，這個是「富、貴」。

梁派飛星看富貴格局——

富以「田宅、兄弟、遷移」為主。

田宅、兄弟坐偏財星（廉貞、祿貪、狼祿、破軍祿），生年祿、命祿。

田宅、兄弟跟遷移交祿，其中飛化過程有「廉貞、貪狼、破軍」。

田宅跟遷移交破軍、天梁祿權。（田宅癸破軍祿，遷移甲破軍權、田宅壬天梁祿、遷移乙天梁權之類）

貴以「遷移、兄弟、交友」為主。

遷移、兄弟坐偏財星（廉貞、祿貪、狼祿、破軍祿），生年祿、命祿。

兄弟跟遷移交祿，其中飛化過程有「廉貞、貪狼、破軍」。

交友跟遷移交破軍、貪狼祿權。（交友癸破軍祿，遷移甲破軍權、交友戊貪狼祿、遷移已貪狼權之類）

學生甲：我朋友和她老公近來的關係可差了。中秋節如果不是女兒在家，她可能又去那個人那過中秋了。反正十六日是在那人那過的，叫我去，我沒有去。

周星飛：嗯，沒辦法，廉貞忌有「桃花債」。所以如果不「持戒」，就容易桃花劫。

學生甲：她可能空虛了，老公做生意，沒時間陪她，近一兩年，她老公又迷上健走。像我們這些朋友，又把家庭看得重，很少陪她。

周星飛：這個就是寂寞的熟女，容易被騙的。

學生丙：老師，貴為什麼還是看偏財星呢，我覺得太陽太陰紫微這些也容易貴。

周星飛：貴，看「宮位」、兄弟、遷移、父母。

學生甲：那個老頭，天天嘴巴很甜，叫我朋友甜得不得了。然後我朋友去他那，他就煲靚湯給我朋友喝，我朋友更覺得她老公對她不夠體貼了。我對我朋友說，她太貪心。她老公又賺錢，又能給她燒飯。她是希望老公給她賺錢，回到家還能給她燒飯，又能陪她逛街買衫。

周星飛：當然，局外人總是比較清楚。反正不要走上離婚之路，一切都好。

學生甲：那個老頭會看相的，聽說很厲害。

周星飛：妳有叫妳的朋友學算命嗎？

學生甲：她本來就會一些。

周星飛：你聽老頭鬼扯淡，騙騙小女生熟女還可以啦，總是裝神弄鬼一下，顯得高大。叫妳的朋友來學斗數吧，保證幾年之後是大師，還可以排解寂寞的。她一學就不跟老頭玩了！看是看面相厲害還是斗數厲害！

六字大明咒教她念就好了！先念簡單的就好，初學者先不用念困難的。如果順利的話，應該這個月就會開始有分手之象了！財帛（流年命宮）甲太陽忌入父母，沖疾厄，沖八月流月命宮。

就命理而言，妳朋友的等級可能還比我高一點。

學生甲：你說我朋友嗎？她在這方面有天賦？

周星飛：有喔，保證會算到不想算的！

學生乙：老師會看相啊？

周星飛：看相也很簡單，人看多了，總是有些好相壞相簡單的看得出來。難的，就要精進學習。

學生甲：她媽媽很厲害，她哥哥也很厲害。

周星飛：最厲害應該是命主，我個人認為此女有成大師的等級，將來都是非常有名氣的。你就跟她說，我說的，只要開始學算命，桃花劫就會過去了。廉貞忌的力量帶入父母，也需要持戒。

學生甲：我現在打電話給她，她老公喝醉了，在給老公開車。

周星飛：對了，她老公或是她容易有痔瘡的病，也要小心有心臟病！廉貞忌、文曲忌是大腸火旺、痔瘡之象。太陽忌、巨門忌是心臟病，中風之象。這個月要小心，因為「正沖」，所以要小心這些病的發生。

學生甲：那天她對我說，她老公喝醉了，就睡在社區的石板上不回家，所以她也很苦惱。這也是她經常往外跑的原因。

周星飛：多忌入父母，就會做出「非常人」的事。睡馬路旁就是如此了。以大地為床，天空為被。沒關係啦，至少老公沒搞小三。不過，大中午的就喝醉。如果三十歲酒色一起我還相信，過五十歲了酒色大概只能二一了。老公的廉貞忌重，所以酒色可能都有過，而且再轉甲太陽忌入父母，也可能被抓到過。桃花官司，或是酒醉駕車。父母宮是政府單位，忌入父母，就容易犯官非。

不過對命主來說，是夫妻的忌轉忌入父母，想必此種婚姻有點背景差異大的情況。然後也可能感情上要低調，或是不名譽的、不被長輩看好。

學生甲：男的家庭條件不好，孤兒，朋友媽媽反對。應該也不叫孤兒吧，那男的有幾個兄弟姐妹，只是爸媽走得早。

周星飛：妳拉著一下吧，別讓她掉下去了，好好的引導她，功德甚大。反正會有分手之象的，就慢慢來吧，急了也怕問題大，就像狗咬到骨頭了，硬要拿走狗會咬人的。而且還一個廉貞忌？難道會下迷藥？感情上灌迷湯？

學生甲：她在老頭那吃飯，叫她老公也去，她老公不去，她就說老公小氣，兩個人為這件事又吵架。

周星飛：妳這個朋友也是沒長大腦的。算了，吵吵就好了。感情就是債多。台灣叫「男蟲」，專騙女人的色、錢，反正就是「養套殺」，股市裡的手法！如果粗暴一點的，就直接下藥拿錢了！

學生甲：她昨天說把基金的幾十萬取出來，會不會也把這個錢放進去呢？昨天我告訴她了，說那個是騙子，叫她小心點，不知道她能不能聽進去。

周星飛：嗯，妳就跟她借一半吧？說妳也有急用，請她幫忙。妳就編個理由，說要買啥欠個現金。一半給妳一半給老，反正真的虧了也虧一半。妳就聽我的話，硬借她一半的錢，其他再說啦，先幫她保管。所以，人家養套殺這種貴婦是正常的。

學生甲：她知道我不缺錢用。其實她被騙點錢還是小事，我是擔心她老公知道了，會和她離婚。

周星飛：夫妻忌入父母，二忌以上，都是有感情上的危機。反正今年都是有危機，所以也閃不掉。就多持六字大明咒吧，收斂心神為上。廉貞忌入父母，也是修行持戒的。

學生甲：好的，謝謝師父。

五、家後面就是外婆的墳墓

家的後面就是外婆的墳墓

↖ [祿]

巨門 辛巳 4 - 13 命宮	廉貞 天相 壬午 14 - 23 父母宮	天梁 癸未 [24 - 33] 福德宮	七殺 甲申 田宅宮 27歲
貪狼 庚辰 兄弟宮	庚午年 男命		天同 (忌) 乙酉 官祿宮
太陰 (科) 文昌 [忌] 己卯 夫妻宮			武曲 (權) 丙戌 交友宮
紫微 天府 左輔 戊寅 子女宮	天機 己丑 財帛宮	破軍 右弼 戊子 疾厄宮	太陽 (祿) [權] 文曲 [科] 丁亥 遷移宮

↓

周星飛：忌入遷移就會想出外發展，還有可能當宅男，什麼都不想，發呆去了。所以少小限（夫妻宮）也容易是想發呆的個性。大限遷移，官祿宮坐生年庚天同忌，再轉乙太陰忌入夫妻（大限命），再轉已文曲忌入遷移。相應遷移了，大限的遷移宮有生年忌的力量了。

遷移再轉丁巨門忌入命，也是膽小沒自信之象，這個也說你小時候容易卡陰，田宅再以甲太陽忌入遷移，對沖巨門忌，也容易住在靠近墓之類，有點怪的地方。

學生丁：嗯，小時候很膽小沒自信，受很多委屈。卡陰是什麼呀？

周星飛：鬼壓床有遇過？

學生丁：我記得小時候住老家，房子背後就是外婆的墳。就兩次鬼壓床的經歷，一次嚴重一次輕微。雙忌入了遷移，為什麼是當宅男呢？

周星飛：遷移是待人處世、應變力的宮位。遷移多忌，容易「初一、十五的月亮，每次都不一樣」。一下子這樣，一下子那樣，沒原則、沒大腦，不會處理事情。不然就是躲起來，當宅男。

學生丁：嗯，是宅吧！

周星飛：生年忌入夫妻或是生年忌入官祿，容易有下列情況發生。

1. 命主小時候，如果是親生父母帶的話，容易有很多問題。
2. 被親生父母以外的人帶大！
3. 認神明當義子、義女！

夫官線多忌小時候也容易多災多難的，或差一點就死了。

學生丁：俺小時候大部分時間是父母帶的，少小限過完，估計有半年一年是親人帶的，就一次父母出外工作，是半年還是一年記不清了。

周星飛：你想創業？還是想修練？武功？氣功？神功？

學生丁：不要創業。我就喜歡術數，占卜算命什麼的。

周星飛：這個飛化是有錢的飛化，任何宮位祿入交友三方，都是有競爭力，比人高一個頭。田宅甲廉貞祿入父母，再轉壬武曲忌入交友，這個都是住人多的地方，而且房子大、好看，都是人人看得到的。逢夫妻已武曲祿（少小限、感情），所以，你這個人小時候家裡就有點錢了，還容易娶到有錢的對象。

逢財帛已武曲祿來會，所以，你能賺很多錢，錢不缺的。這樣子解釋會了嗎？

另一個是命辛文昌忌入夫妻，是對感情「專一」。但是，又看到一個太陰生年科，你對感情也是很客氣、禮貌、優柔，所以感情上可能「拖拖拉拉」，也可能有三個對象在曖昧中。不過畢竟官祿的生年忌，再轉乙太陰忌入夫妻，多忌入夫妻，對感情的態度就大扭曲了。何謂扭曲？

1. 要麼就愛一個。

2. 要麼就大劈腿。

學生丁：那我是前者。

周星飛：這個大限命宮踏福德宮以癸太陰科入夫妻，所以還是喜歡保持曖昧。遷移丁太陰祿入夫妻，你也是泡妞的高手，紅粉知己多，風流而不下流。師公說這種夫妻多忌，不能劈腿，不能同時處二個，必須要分段施工，一次一個，不然被抓到的話，這個忌會麻煩的。多忌就是麻煩，一個都處理不來了，多搞幾個是給自己找麻煩。而且又轉已文曲忌入遷移，保證對方跑去你家或是工作的地方，給你難看。看是大吵大鬧，還是要上吊、要自殺，就是會給你難看的。理解？

學生丁：理解。

周星飛：夫妻已文曲忌入遷移，再轉丁巨門忌入命，你有弄過巨門忌的對象？人妻？或是對方有男朋友了？

學生丁：哦，是的。有是非的感情，有男友。老師，我學占卜算命會有成就嗎？

周星飛：你會跟到好老師的。只是，你別因為要成就，就跟老師翻臉了。福德（你的精神）以癸貪狼忌入兄弟，你喜歡成就，有私心。父母（你的老師）以壬武曲忌入交友，叫你為人付出無私心。一個往東一個往西，容易「不能兼得」。你別因為要成就，就跟老師翻臉了。

學生丁：有沒有那個機緣能算得準？以前爸爸有一段時間以算命為業，所以一直對這些很有興趣，但家裡不允許以這個為業，除非是走投無路了。

周星飛：你有好父親，也會跟到好老師的，你的父親當然也很厲害，你父親應該跟武將有緣，父親的命宮（父母宮）以壬武曲忌入交友，逢武曲生年權，武曲忌武曲權，所以看起來是關公。

還有，父親的命宮（父母宮）壬天梁祿入福德，再轉癸貪狼忌入兄弟，逢父親的遷移、財帛戊貪狼祿來會，父親的子女疾厄已貪狼權來會。天梁祿＋貪狼祿，也是有高等的神明教他，即使你父親不算命，也有很多專業技能可以賺錢的。

學生丁：嗯嗯，好的，我回頭整理一下，謝謝老師，感謝。

六、鬼片跟恐怖片？

學生戊：師父，我的盤福德丁巨門忌入田宅，為什麼我從來沒有什麼怪事情發生？

周星飛：福德是精神、信仰上，愛看鬼片之類的，精神上卡陰，喜歡負面的。

學生戊：我不愛看鬼片，會害怕，我也沒做夢或者什麼有過卡陰、喜歡負面，愛看恐怖片算嗎？我自己覺得精神上正能量多一些。

周星飛：喜歡負面，愛看恐怖片算嗎？跟鬼片不一樣嗎？

七、六親緣薄的命盤（疾厄宮多忌沖父母二〇一五年命例）

六親緣薄的命盤

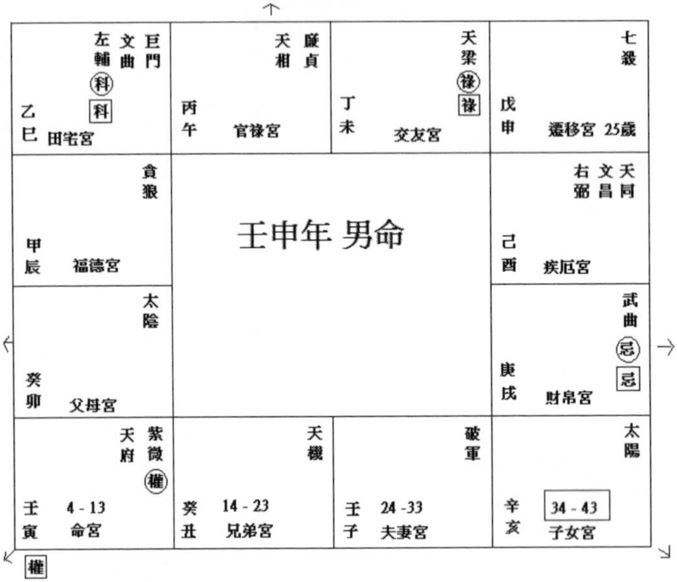

學生C：這張盤，父母信天主教，飛化是父母、兄弟癸貪狼忌入福德，逢遷移戊貪狼祿來會，轉甲太陽忌入子女，逢財帛庚太陽祿來會。男神，天主是博愛的？

周星飛：是，要逢到祿權科，才可能是好的、良善的。如果逢到忌，生年忌之類的，保證有問題。

學生C：那他本人會接觸宗教？遷移戊貪狼祿入福德。他說無神論。

周星飛：命壬武曲忌入財帛，逢生年壬武曲忌，雙忌，對金錢觀容易扭曲，可能非常重視金錢，也可能非常不愛錢。扭曲的價值觀。

學生C：嗯，他很重錢，且也承認自私、不擇手段。他說家很窮，為了錢不介意不擇手段。

周星飛：福財線多忌，容易精神上跟金錢打架，所以不把錢當錢。而且遷移也是戊天機忌入兄弟，再轉癸貪狼忌入福德，這個也會遇到邪教、邪說的。師公說，財帛忌入疾厄、田宅、兄弟，都容易私心重。而且武曲貪狼多忌在辰戌之上，這容易脊椎側彎嚴重、駝背。

學生C：老師，田宅乙太陰忌入父母，轉癸貪狼忌入福德，這是卡陰？還是家裡風水有問題？

周星飛：都是，也是住家附近容易有怪物，貪狼忌主要指動物，死人骨頭也是。

學生C：他說過，墳墓圍住家附近。

周星飛：福德甲太陽忌入子女，再轉辛文昌忌入疾厄，加上武曲多忌入財帛，再轉庚天同忌入疾厄。這個疾厄，有太多忌的影響了，怕有不長命之象。生病、意外多。疾是疾病，厄是災厄。再轉已文曲忌入田宅，更怕久病纏身，忌入田宅，收藏更久。

沖父母，父親也影響，所以他的父親也容易早死或是不發達，窮，或是老實人一個。

命宮夫妻宮（少小限）以壬武曲忌入財帛，又逢生年壬武曲忌。三忌沖福德，也大概爺爺會早死，或是不在身邊。再轉庚天同忌入疾厄，沖父母（父親的命宮），所以命主小時候可以說對父親跟爺爺不利的。

學生C：問過他父母的身體，他爸爸出過意外，傷了骨頭，目前還有脂肪肝、膽囊炎。

周星飛：嗯，命理上是這樣子說的，所以最好就閃遠一點，不在身邊，不住一起就好多了。明白？

學生C：明白。那他遷移戊天機忌入兄弟是不善創業，沒啥想法。轉癸貪狼忌入福德，多忌，是不是創業等於送死？他昨天測的時候，說公司倒閉就換了工作，我看他剋公司太厲害。

周星飛：是。忌入疾厄，沖父母，這個就是不旺公司之象。這個最好自由業為宜，免得害人。不然，到那裡就剋到那裡。還有忌入疾厄，沖父母，這種人通常也不想跟長輩、長官溝通，忘性大。所以個性上也是有大缺點的。這種最好做直銷之類，或是自己當老闆，或是像算命之類的，有專業能力的。

交友丁太陰祿入父母，再轉癸貪狼忌入福德，逢遷移戊貪狼祿來會，這個也是才華好，人際關係強，所以必然有什麼好的才華，就從這個去發展吧，不要上班了。

命宮夫妻宮壬天梁祿入交友，轉丁巨門忌入田宅，子女辛巨門祿來會，小輩、合夥緣多，天梁膨風，言過其實；巨門，善說，所以，這個也會娶到有錢的對象，不過婚姻不長久，忌也破太重了。

學生C：他是做廚工的。現在改行做銷售。他去年談了個對象，今年分了，說他是窮鬼就分了。

周星飛：父母、命、兄弟、夫妻都交忌在福財線。破了福財線上，當然這四個宮位的緣分不佳。少小限（夫妻宮）以壬武曲忌入財帛，逢生年壬武曲忌，父母癸貪狼忌入福德破進去，所以小時候就不喜歡讀書了，跟父親也無緣了。跟讀書無緣，或有休學、退學、情緒不穩定，也是婚姻不好之象。

學生C：他小學輟學。

周星飛：所以，將來有錢了之後，必然不把錢當錢。去打麻將，可能幾千底的都會打，不把錢當錢。

學生C：他現在做種植的銷售。跟天梁有關係？

周星飛：跟天梁祿、巨門祿有關。今年他會很賺錢，有機會賺到買房子的錢。

學生C：我覺得命壬天梁祿入交友（流年命）逢生年祿，轉忌入田宅。剛才那張盤還有個問題，就是他問是不是有後媽。可能他懷疑爸爸出軌。

周星飛：有可能。兄弟是父親的夫妻宮，以癸貪狼忌入福德，逢父親的交友宮戊貪狼祿來會，有些結交同好而發展感情之象，比如說愛好讀書，讀久了就有感情了。理解？

學生C：理解了，師父。

八、兒子太愛哭，在家裡也嚇哭

兒子太愛哭，在家裡也被嚇哭

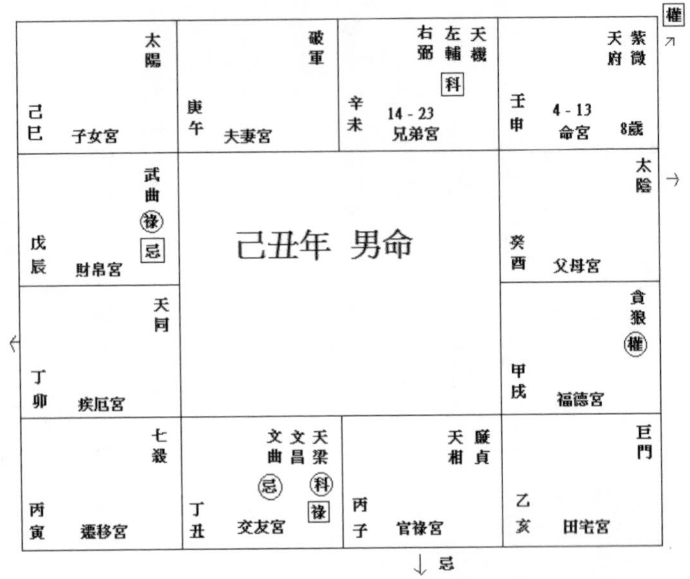

周星飛：你兒子，生病了，消化不良。

學生D：是的，之前有腸繫膜炎。他總是愛哭，動不動就哭，暗暗的流眼淚，一個人躲起來哭。他會說他肚子痛，醫院說注意飲食就可以，吃了點藥沒事。

周星飛：夫妻宮（少小限）以庚天同忌入疾厄，再轉丁巨門忌入田宅。交友宮（競爭位）坐生年己文曲忌，再轉丁巨門忌入田宅。

所以，你兒子小時候健康的競爭力輸人。難帶。而且，串聯天同忌、巨門忌，文曲忌、文昌忌、巨門忌、太陽忌。尤其巨門忌、太陽忌，還有心臟病、頭、眼的問題。

文曲忌，是大腸的問題。文昌忌是氣管、食道。

巨門忌，腫瘤，莫名的痛、隱隱作痛的痛。

所以，這個要少吃東西，不是一直餵，笨蛋父母才會一直餵，都明明消化不良了，還一直餵。

學生D：剛出生的時候身上有個小腫瘤，後來消失了。謝謝師父，以後不逼他吃了。

周星飛：按腳，要給他按腳、肚子，讓他消化下去。

學生D：哦哦，什麼時候做呢，一天做幾次？

周星飛：現在，有空就刮刮腳底板，胃經、肚子、腰就輕輕刮，只有腳底比較重一點。肚子要按摩，刮一刮，順時針刮。

學生D：太好了，謝謝萬能的師父這個愛哭有解嗎？是不是他自尊心太強了，只能慢慢引導，最近覺得他愛哭得厲害。

周星飛：不是，就肚子痛是問題。當然夫妻（少小限）以庚天同忌入疾厄，再轉丁巨門忌入田宅，交友（競爭力）也丁巨門忌入田宅，這孩子很不會溝通，小時候健康的競爭力弱了點，所以，畏縮了點，巨門忌當啞巴。

學生D：是是，不會溝通，不愛講話。又是巨門，我一家巨門忌，除了我女兒。

周星飛：這個巨門忌，也是卡陰的。所以，你家裡有些非人、鬼，可能要拜一下神明。

今年巨門忌，會特別嚴重。

學生D：前年新搬進來的，會去拜。

周星飛：1. 生年文曲忌入交友，容易有些「重情義」，或是「損友」。是一個好欺負的人。

2. 再轉丁巨門忌入田宅，非人在家裡。所以要拜神明。你兒子被嚇得畏縮，你都不知道。

學生D：現在知道了，哦，以為是他的天性。下次帶他們一起去拜拜。每個神明都拜，太感謝師父了。

周星飛：家裡也要拜神明啦。

學生D：家裡沒有，我婆婆是信主的，不能擺。

周星飛：你兒子也是神明下來的，很慈悲的小孩。你弄個菩薩的玉佩給他戴吧，或是護身符也行，廟裡就有的。

學生D：好，這周去請一個。

周星飛：兄弟辛巨門祿入田宅，再轉乙太陰忌入父母，逢疾厄交友丁太陰祿來會，兄弟是「媽媽」能旺田宅。太陰是女神，所以你去請觀世音菩薩即可。太陰又癸太陰自化科，可能看起來是可以折疊的，或是一個「小巧的東西」。玉珮、手環之類的。上面說的整理下來，別都不整理，連兒子發生什麼都不知道，學命理就白學了。

九、父親得罪了一個神婆的親戚（二〇一〇年命例）

父親得罪了一個神婆的親戚

↖

紫微 七殺 (權) 乙巳 24 - 33 福德宮	右弼 丙午 [34 - 43] 田宅宮	文昌 文曲 丁未 官祿宮	左輔 (科) 戊申 交友宮 35歲
天機 天梁 (祿) 甲辰 14 - 23 父母宮	壬戌年 男命		破軍 廉貞 [祿] 己酉 遷移宮
天相 癸卯 4 - 13 命宮			庚戌 疾厄宮
太陽 巨門 [權] 壬寅 兄弟宮	武曲 貪狼 [忌] (忌) 癸丑 夫妻宮	天同 太陰 [科] 壬子 子女宮	天府 辛亥 財帛宮

↓ 忌

學生G：師父，怎樣看太太懷孕和流產？

周星飛：懷孕，當然一定要看子女宮的坐星，跟子女宮的四化，還有田宅。基本上，容易流產命理先說說：

1. 子女宮有自化忌的，胎不穩。
2. 田宅多忌，沖子女，也是小孩無緣。
3. 子女宮多忌的，有很多問題阻礙著。
4. 子女宮的四化之後，逢生年忌，逢自化忌，也都容易不穩定。

這四個情況，生小孩比較容易有問題。

還有，夫妻、福德、遷移（福德三方）忌入子女、田宅的，也容易有問題。

田宅丙廉貞忌入疾厄宮，疾厄宮已文曲

忌入官祿宮，官祿丁巨門忌入兄弟，父母甲太陽忌入兄弟，再轉壬武曲忌入夫妻田宅父母官祿串聯「廉貞忌、文曲忌、巨門忌、太陽忌、貪狼忌、武曲忌」在夫官線上。這個象義也代表你們家可能環境有問題。

巨門忌，田宅的「巨門忌」。

巨門五行「癸水」。姜太公的惡妻。伶牙利齒。「暗曜」，猜忌、疑惑、是非。在天「品萬物」，在地「司五穀」。

1. 化「忌」，主小人、是非、口舌、猜忌、疑惑、疑心暗鬼、邪念、意外、車禍。
2. 邪術、鬼魅、神壇、小廟、公墓、墳堆、陋巷、破宅、三叉路口、暗溝、下水道、麻將牌（古以動物骨製）。
3. 家門、門戶、戶口、戶籍。
4. 無執照的工作者、密醫、乩童、符仙、地理師、江湖術士、金光黨、竊盜、詐騙集團。
5. 西藥、小診所。
6. 零食、愛吃、胃口好（品萬物之星）。
7. 應於人身：食道、胃、瘤、癌、慢性病、藥罐子（久病吃藥）、中邪、陰氣。
8. 鐵道、運輸、卡車、國產車（非高級）。

學生G：剛才師父說的，田宅的巨門忌的確是因為我父親得罪了一個神婆親戚。

周星飛：子女宮的四化，這個就比較像懷孕。你的命盤。子女宮（大限疾厄、流年夫妻）壬天梁祿入父母（大限兄弟、流年福德），轉甲太陽忌入兄弟（大限子女、流年命），逢疾厄（大限交友、流年財帛）庚太陽祿來會。子女（大限疾厄）跟本命疾厄「交祿」相應了，所以子女緣厚。

但是，子女壬武曲忌入夫妻，逢「二忌」成三忌之破，又自化忌，也容易胎不穩。還有福德乙太陰忌入子女，疾厄庚天同忌入子女，雙忌沖田宅，這個說明——

1. 你的健康有問題。

2. 小心福報不足，小孩出生也容易讓你麻煩多。

學生G：我有輕微脂肪肝。明白，我太太之前流過一個，然後生了一個女兒，現在想再生一胎。

周星飛：夫妻多忌，沖官祿，會影響到工作的穩定。工作容易淡旺季差很多，也容易做做停停，或沒工作，用「沖的」波動大。

學生G：影響暫時還不知道，因為我是自己開個小公司。是的，波動很明顯。

生年忌入夫妻——

1. 配偶「執著」，不易溝通，婚姻宜忍。

2. 我「執著於情」，遇人不淑。

3. 欠感情債，諸多「波折」、「乖違」。

4. 不利於桃花、婚外情，慎防「桃花債」（身敗名裂）。

5. 勿賭、投機。

6. 欠婚姻債，縱令離婚也必經「拖磨」。

周星飛：像去年二〇〇九踏夫妻宮的雙忌，業務就會變動很大，也可能沒工作。

學生G：去年閒了半年，今年好多了。

周星飛：還有，小心腳踏二條船的意外桃花事。命癸貪狼忌入夫妻，又逢生年壬武曲忌，多忌入夫妻，會扭曲感情觀。可能全部都抓。也可能全部都不要。逢交友戊貪狼祿來會，這個就有桃花象。不過，夫妻宮癸貪狼自化忌——

1. 可能會有就算了。自化忌，不在意，不強求，隨緣。

2. 也可能有「露水姻緣」，就自化忌了，船過水無痕。

3. 也容易因為感情而不想工作，沖官祿。

自化忌，好事會過去，壞事一樣會過去的。自化忌，就有不放在心上的情況。夫妻宮多忌，任何宮位再忌進去，那任何的宮位都是連帶有問題的。

子女壬武曲忌入夫妻＋生年忌入夫妻＋命忌入夫妻，一共三忌，所以子女緣也有問題。

學生G：知道，我是對老婆一條心哪種人。

家有狐仙的命盤

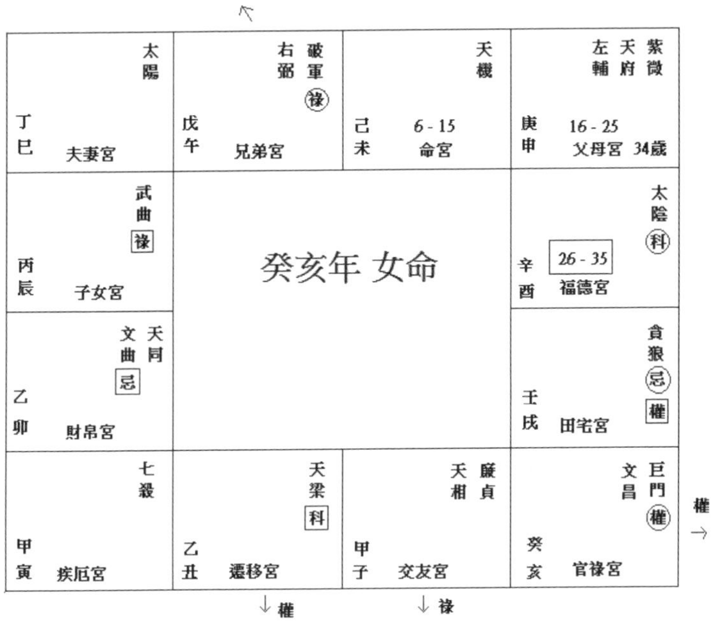

學生甲：老師，這個家裡有狐仙的，怎麼看的。

周星飛：你們男同事裡有沒有沒結婚、沒女朋友的？上面的命主是有旺夫的漂亮飛化。田宅壬天梁祿入遷移，再轉乙太陰忌入福德，逢夫妻丁太陰祿來會，這個是嫁了老公能旺家的飛化。

命己武曲祿入子女，再轉丙廉貞忌入交友，逢疾厄甲廉貞祿來會，再轉甲太陽忌入夫妻，逢父母庚太陽祿來會。疾厄串聯父母，又串聯廉貞祿，當然長相好看受歡迎，還有身材好之象。此命身材長相都不錯，不用打扮也漂亮。

不過，疾厄甲太陽忌入夫妻，交友（競爭位）也甲太陽忌入夫妻，轉丁巨門忌入官祿，這個容易有心臟病的問題。

在蛇年踏夫妻宮的時候，我認為應該有過類似問題。

學生甲：蛇年大概是子宮開刀。今年還要開刀。

周星飛：你說有狐仙在家，這個當然有。不過呢，在她家修行，不好修，因為貪狼生年忌入田宅，可能風水不好，可以跟她一起修行，但是很辛苦，可能事倍功半之效。命已文曲忌入子女，父母庚天同忌入子女，對沖貪狼忌之後，再轉乙太陰忌入福德，遷移也乙太陰忌入福德，福德有四忌以上，花錢很凶，也可能精神上起伏很大。生氣易怒。或者該讀書的時候就不讀了。

不過，疾厄跟父母交祿在福德，所以，讀書還是讀得不錯，長輩緣也不錯。

學生甲：嗯，和父母同住，討長輩喜歡的一個人。

周星飛：你跟她說，開刀會一直開，師公有說，子女宮忌出之象，有流產拿小孩跟拿掉子宮之象，子女丙廉貞忌入交友，再轉甲太陽忌入夫妻，馬上丁巨門忌入官祿，逢福德辛文昌忌。夫妻忌入官祿就是忌出之象。串聯巨門忌莫名疼痛腫瘤，文昌忌，子宮輸卵管塞住，在左下腹部。我的建議是，如果曾經流掉小孩的，先去作超渡法。

學生甲：她的子宮問題已經發生了，去年去杭州看過，醫生說過，年紀大會有這個風險。有流產。

周星飛：然後呢，兄弟宮戊貪狼祿入田宅，命宮己貪狼權入田宅，看看能不能請神明入家裡，或是在家修行，試著解決貪狼忌。

還一個問題先說。夫妻丁巨門忌入官祿，轉貪狼忌入田宅，逢生年癸貪狼忌，引動貪狼生年忌。夫妻是老公、是感情、是少小限、是吃東西。老公的職業有沒有問題？小時候做過啥壞事？或是住在墓地？還是吃過啥山珍海味？四隻腳的東西。貪狼忌入田宅，也可能就附近有問題，還是家裡有啥古老的東西？古董？

以田宅立太極，論整個家族。夫妻是田宅的疾厄宮丁巨門忌入官祿，跟太陽忌對沖，又看到文昌忌，這個家族容易有心肌梗塞的問題。這個大限，踏福德宮就有。轉貪狼忌入田宅，可能死不了，但是就一直變成家裡的累贅。或是動手術要花大錢，保證財產去一半。所以進了醫院，錢就像紙一樣薄。

因果業力不虛，一切都會回到自己的身上。命理只是說明這樣的情況，要不要改變也是自己的決定。神明是貪狼祿，兄弟宮而來，那就問媽媽看看，能不能幫忙一起修行。吃的東西最好改變一下吧，如果戒不了肉，就少吃一點大型的動物，不要吃什麼奇奇怪怪的東西。子宮的問題先不要開刀，先艾灸看看。

十一、風水不佳的環境，有雙姓祖先命主，問感情

風水不佳的環境，有雙姓祖先

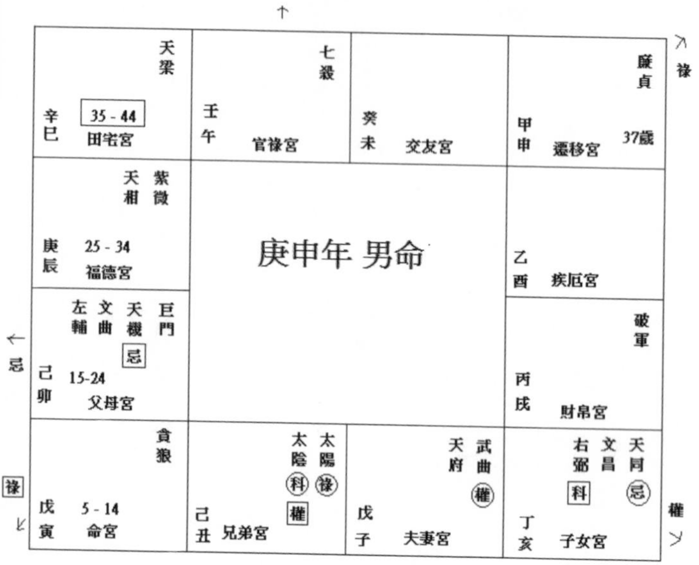

周星飛：這個大限，存不了錢，人生多變化。福德的忌轉忌寫一下。

學生庚：賺多少花多少。福德宮庚天同忌入子女，轉丁巨門忌入父母。

周星飛：沖田宅，沖疾厄，所以人生、財庫也不穩定。如果再加上田宅辛文昌忌入子女，更有家道中落。你家住死巷子？

學生庚：不是。後面是河，西邊是路，南邊是路。

周星飛：背水陣啊，破斧沈舟？這個地方在風水上好像不太吉。

學生庚：河北面路，南邊有桑樹地，有墳。小時上學晚了不敢走，初中時河裡有人掉下去沒上來，這地方後面沒靠。

周星飛：福德跟田宅有破，也有文昌忌巨門忌，有沒有拜雙姓祖先？或是你們家上幾代有祖先娶好幾房，你們是庶出的？

學生庚：兩個姓。

周星飛：命理上說，田宅福德有破，扯上文昌忌巨門忌的，就容易有二姓祖先。然後這個也說，這個祖先的事容易「擺不平」。

學生庚：祖父姓周，我父親四歲給姓吳人家抱養。所以我身分證姓吳，平時姓周。

周星飛：然後祖先們爭香火就打架了。所以，如果一家裡供二個祖先牌位的，一定要請其中一房的祖先去別的地方。

學生庚：怎麼請呀，都有來往的。

周星飛：比如說，某姓的就回他們自己本家的人去祭拜。反正你們家裡只能有一個祖先的牌位，不能一個家裡有二個祖先牌位，懂嗎？但是最後父母宮有一個自化忌，有可能這個問題最後會解決，或是也可能沒解決，然後就沒事了，但是時間到了又有事，反反覆覆的，畢竟田宅福德有破。

那這個福德宮，大限命宮也是沖田宅三方，田宅宮下個大限命宮，也一樣沖田宅三方，有沒有打算去作個野道士？

學生庚：有，但是不放心家裡爹媽。

周星飛：生年庚天同忌入子女，轉丁巨門忌入父母，是重情義的個性。命以戊天機忌入父母，也是孝順的個性，但是畢竟太多忌入父母啊，我的建議還是跟父母閃遠一點比較好。

如果要結婚的話，也是明年起就有婚緣了，不過破得很重，所以不見得結了婚就會高興，或是生了小孩很容易吵架、疲累。當田宅是大限命宮，夫妻（大限疾厄）以戊貪狼祿入命，轉戊天機忌入父母（大限夫妻），逢疾厄乙天機祿來會，疾厄相應了，夫妻相應了，所以是有婚姻之象了。

那離婚也是一樣的。田宅福德交忌也跟夫妻宮交忌，這個老婆也忌進去了，會怕老婆，也有家道中落的問題，或容易待不住家。子女也破進去了，老是困擾小孩的問題，或是生不了小孩，所以小孩緣也大受影響。三忌先忌入子女，再轉丁巨門忌入父母，影響子女、影響父母。然後命以戊天機忌入父母，自己也有問題。夫妻以戊天機忌入父母，感情也有問題，忌的影響，誰進去誰倒楣。

所以，你看住的地方有問題，成家也有點難，還有田宅福德有破，也是成家念頭不強、不成家、成不了家。本來就容易無後，無後當然也屬家道中落。福德跟夫妻有破，當然有挑剔感情的個性，還有交友以癸貪狼忌入命，不是劫了夫妻的戊貪狼祿嗎？如果有人看上你的老婆了，老婆跟你不快樂，有人劫就馬上跑了。

十二、住在塑膠村的命主，弟弟早死的人禍之象（二〇一一年的命例）

住在塑膠村的命主，弟弟早死的人禍之象

↖祿	↑祿		
武曲(祿) 破軍 己巳 遷移宮	太陽 文曲(忌) 庚午 疾厄宮	天府 辛未 財帛宮	天機[祿] 太陰[忌] 文昌 壬申 子女宮 28歲
天同 戊辰 交友宮	己巳年 女命		紫微[科] 貪狼(權) 癸酉 夫妻宮 →忌
← 左輔 丁卯 官祿宮			巨門 甲戌 兄弟宮
丙寅 田宅宮	廉貞 七殺 丁丑 福德宮	天梁(科)[權] 丙子 父母宮	天相 右弼 乙亥 命宮

學生癸：我為什麼一直瘦不下來？

周星飛：兄弟宮、疾厄宮、福德宮、夫妻宮，有時候有權，所以肉足、氣足。胖不一定肉多，有時候是骨大、筋肉大，氣足。

學生癸：我骨大，但疾厄又有生年忌，夫妻有生年權。

周星飛：夫妻有生年已貪狼權，也容易有大塊頭的本錢。很容易吃中藥或是與養生有關的，還可能會吃燙的。命紫微科入夫妻，這個也有慢慢吃的情況，還可能吃些精緻的。

學生癸：去年吃養生的，常喝中藥，現在和同學一起吃飯，我是最慢的。我喜歡吃零食，在家吃得凶，在外喜歡慢慢吃。

周星飛：夫妻癸貪狼自化忌，也可能偶爾忘記吃，或是有胖有瘦的時候，體形不固定。

學生癸：有一年我晚餐不吃，去年瘦了十幾斤，今年胖了十幾斤。

周星飛：疾厄有生年已文曲忌，這個也有瘦的情況。但是疾厄庚太陽自化祿，是虛胖、實瘦的情況。看起來肉多是疾厄自化祿。實瘦真虛，是生年忌入疾厄。轉庚天同忌入交友，沖兄弟，就氣虛，你變瘦，中氣就不足了。

學生癸：去年中醫開給我藥，都是補氣的。

周星飛：如果再事業、福德丁巨門忌入兄弟，工作累一點或是想創業想多點就會更虛。巨門忌，是隱痛，莫名的痛，如果話多，也會講到沒聲音。巨門忌，沒聲音當啞巴。

學生癸：是的，前兩天又開始痛了。

周星飛：疾厄忌入交友，沖兄弟（流年疾厄），相應了本來就有天同忌的問題。沖兄弟的巨門忌，所以一互巨門被引動，就會增加生病的機會。福德丁巨門忌入兄弟，沖交友（流年福德），這個也說你可能是比較憂鬱的一個人，灰色思想重。

學生癸：這個很對。

路人甲：老師，他家的風水是不是也有點問題啊，疾厄生年忌，轉庚天同忌入交友，田宅丙廉貞忌入福德，轉丁巨門忌入兄弟，疾厄與田宅交忌了，扯上福德宮，天同、巨門。

周星飛：有點。田宅丙廉貞忌入福德，轉丁巨門忌入兄弟，是有風水上的問題，住不安穩、家裡讓我煩惱。廉貞忌，可能是官司、發炎。巨門，臭、墓地、陰的。

學生癸：沒官司，臭是對的。我村是做塑膠的，臭。

路人甲：老師，我們說的風水，其實有時是說住宅的環境不佳，是嗎？

周星飛：田宅福德交忌，在田宅上讓我煩惱、苦惱、多花錢。無緣無故就要花錢。廉貞忌，是有毒的，廉貞＋巨門，容易有癌。

學生癸：對，隔壁的村做得更大型，很多人得癌了。

周星飛：疾厄有生年忌，與田宅、福德對沖，疾厄也是家運，家運有問題，家怎麼會旺呢？可能健康也有退化之象了。

學生癸：那是去年了，去年（二〇一〇年）家裡沒了個人，我小弟。

周星飛：去年也相應忌入兄弟，家道中落，先損男丁那媽媽不是男的，所以就容易生病了、身體不好。忌入兄弟，把壓力集中到兄友線上。

學生癸：媽媽是生病、身體不好。

周星飛：如果運氣有顏色的話，你家的顏色是灰、黑色的。一切還是要多行善。你有一個好處，就是子女宮也有多祿，如果好好地教育小輩，會讓你受用不盡的。子女有三祿以上，轉壬武曲忌入遷移，又逢生年己武曲祿，自化祿，五祿以上，桃李滿天下之象，好好地教育小輩。

路人甲：他交友有天同雙祿雙權，轉戊天機忌入子女，這段的氣很長，祿權匯聚也快，這樣一連起來，他的田宅也就與遷移扯上了。

周星飛：所以要多教育小輩啊，家自然會旺的。田宅的忌，總是壞事多，如果再廉貞、巨門，就又更差了。所以他家跟廉貞、巨門有關，容易與毒扯上關係，或是法律、官司。田宅的忌轉忌，是一個落點，要多注意。

疾厄宮，家運位，有生年文曲忌，也不好改的。只能用田宅丙天同祿入交友，要多對人和善，多布施，這個天同的氣還是一個長壽的氣、壽星、和善，也說明你們家可能跟土地公有緣。

十三、道士轉世之象。符咒，雜學。

道士轉世之象，符咒，雜學

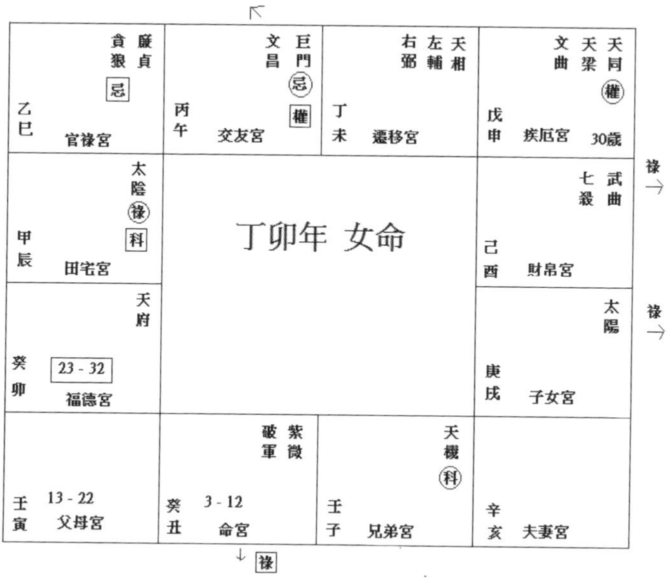

學生A：我想問我有學紫微的天分嗎？

周星飛：有啊，只是要學正確的，不然很容易走偏了，學符咒。

學生A：哇，老師不愧是老師，太佩服了。我就是喜歡旁門左道。

周星飛：真幸運。猜對。所以，妳是道士轉世啊，是有天分的道士。

學生A：我不要做道士，我要做賢妻良母。那我會不會嫁不掉？

周星飛：嫁是還好，只是容易被劈腿，感情上被劫了還不知道是誰做的？

學生A：老師不愧是老師啊。我經常被劈腿，也不知道為什麼突然分手。

周星飛：喔喔。那很正常的。妳過去幾輩子常常做拆人姻緣的事。有沒有看過抓動物的？抓了公蛇、母蛇的。

學生A：我怎麼這麼缺德啊，我太缺德了。不知道我上輩子有作過什麼壞事……母的不忍心抓吧。

周星飛：可能常常要煉丹吧，道士煉丹需要很多的動物。

學生A：老師你說我抓蛇煉丹啊。怪不得狗看到我就亂叫。我這麼悲劇啊！那怎麼能變得好點啊？

周星飛：所以，這個都是拆散姻緣的後果。「欲知前世因，今生受者是；欲知來世果，今生做者是」，這句話常聽吧？

欲知前世因，今生受者是。釋義：你這一生之所以是現在的你，有部分原因是因為你的上一輩子（前世）所種下的「因」所導致的。若你上輩子做好事救了人（種善因），那麼你這輩子就可能得到那人的回報（善業）；若你上輩種下的是惡因，那麼這輩子就可能要去償還之前所欠下果債（惡業）。你今生所承受的，部分緣由於你上輩所種的「因」（今生受者是）。

欲知來世果，今生做者是。釋義：「因果」是不斷輪迴的，人並不是只有承受前世因的分，若是你這一生不斷的在做好事、種善因，那並不能抵消你前世所種下的惡因（所以請別為惡），但一定能消滅或累積在你的來世有好的果報。所以，你若想知道自己來世會有怎樣的果報，就看今生做的是好是壞，那就是了。

我們都是演戲的人，命盤就是劇本，以前不知道，所以，迷迷糊糊的。現在知道了，該怎麼做就要怎麼做。了凡四訓看一看吧。

學生A：明白。周老師啊，我覺得我好像沒有你說的天分。

周星飛：妳很挑的啦。命福德癸貪狼忌入事業，妳對工作很挑的，很執著的。一樣對貪狼這個東西也很挑的。不喜歡八字就不學八字，喜歡斗數就拚命學斗數。挑剔有二種，喜歡就喜歡，不喜歡就不喜歡。妳對工作的態度不一定是妳全部的個性。十二宮講的是十二種的個性。

學生A：哈哈，我不是愛恨分明的人。我喜歡的會將就的過。

周星飛：我這派的飛星紫微斗數，妳是緣分不多啦，旁門左道還是多一點，反正妳不改變就繼續吧。今天是昨天的明天，明天是今天的明天。到底是明天先來還是下輩子先來？眼睛睜開你分得清楚嗎？確定是明天嗎？我不確定耶。

妳要改變，別繼續玩旁門左道。曾經有個十六歲的小屁孩來問說，要學斗數，我問他學斗數做什麼？他說拿命盤當符咒用的。他就跟這個命盤很像：遷移丁巨門忌入交友，逢生年丁巨門忌。巨門忌太多了，也是邪教、符咒之類的。走歪了。再告訴妳一個事情，如果妳去玩碟仙筆仙這類東西，包準來的都是鬼。遷移宮是一個福報的宮位，跟巨門忌有緣。還有為什麼老是遇到被劈腿？夫妻辛巨門祿入交友，逢生年丁巨門忌，遷移再丁巨門忌來會，遷移把夫妻的祿劫走了。祿隨忌走，夫妻的祿也被交友的巨門忌給吃了。雙重劫數。

每天自己多念經吧。旁門左道的事丟了吧，要學就學我們這派的斗數，我是怕障礙很多啊，學到後面一定又會學偏了。

學生A：我不學了。應該沒問題吧。

虛晴：師父，我記得以前有個帖子，講修行人。

修行人——

1. 不純正修行，類似下咒、下符，不被社會接受，是生年忌為巨門忌，太陰忌，但福德、遷移再飛忌來會！這種可能就是倒楣之人，以為是「眼前天堂路」，結果是「地獄道」！

巨門忌+貪狼忌

巨門忌+天機忌

忌多，把「貪狼、天機」污染了，不純正了！

巨門=三惡道！太陰=鬼道

2. 不純正，但被社會接受，是生年忌為巨門忌，太陰忌、貪狼忌，但福德、遷移飛巨門祿、太陰祿、貪狼祿來會！

3. 修行純正，是生年祿為貪狼祿、天梁祿、天機祿、巨門祿，再與福德＋遷移的貪狼祿、天梁祿、天機祿、巨門祿等交會！

貪狼祿＋天梁祿

貪狼祿＋天機祿

天梁祿＋天機祿等組合！

學生A：不學了，應該不用走旁門左道了。

周星飛：難說，劇本怎麼寫，妳都不知道。我也跟妳說：妳會見識到很厲害的旁門左道，妳就一頭栽進去了。

學生A：我栽不進去啊，我這個人做事情一向虎頭蛇尾、三心二意。基本沒啥事情可以讓我栽進去的哈哈哈。可是我長得很善良啊。我覺得我不是壞人。

周星飛：欲知前世因，今生受者是；欲知來世果，今生做者是。你說醫生是好人還是壞人呢？學醫不精害死人，是好人嗎？

十四、一江湖術士的命盤（賺很多錢，二〇〇九年命例）

一江湖術士的命盤

←權		↑祿	祿↗
天同 權 左輔 乙巳 官祿宮	武曲 天府 文曲 丙午 交友宮	太陽 太陰 祿 科 丁未 遷移宮	貪狼 忌 文昌 戊申 疾厄宮
破軍 祿 甲辰 田宅宮	丁　年男命		天機 科 巨門 忌 權 右弼 己酉 財帛宮
癸卯 福德宮			紫微 天相 庚戌 子女宮
廉貞 壬寅 父母宮	癸丑 3－12 命宮	七殺 壬子 13－22 兄弟宮	天梁 辛亥 23－32 夫妻宮

周星飛：該命盤是一江湖術士，開財神廟，在裡面可以撈錢，當然他也有他的一套。幫人算紫微斗數，如果看到命盤有一點點問題，他就會說你有很大的問題，小心會生病，會死掉，會離婚，兒子會車禍……

他很會蓋，很會編故事，讓他廟裡的客人都怕怕的，只要一怕的話，他就有錢撈了。幫人改運，點燈，燒什麼紙錢，補財庫，很多名堂，聽說好運的時候，一年可以淨賺台幣好幾百萬，在大陸來說，一個月能弄到六、七萬，十萬的人民幣都有。

1. 看看為什麼會撈到這麼多錢？不是每一個江湖術士都能搞到這麼多錢，八字還要有一撇，財庫還是要夠大夠旺，偏財星才能撈到錢，這個命格裡——

命癸破軍祿入田宅（破軍偏財星），福德也是癸破軍祿入田宅，命跟福德產生破軍雙祿在田宅宮，當然很強勢了。田宅還有個甲破軍自化權，果報裡有強勢的財在田宅宮，田宅宮的這個財庫，破軍雙祿一權，這個就很旺了。轉甲太陽忌把雙祿權帶進了遷移宮，庚太陽化祿，追祿，來交祿，意思是說財庫很旺。那個田宅雙祿一權，帶入遷移形於外，讓別人看到他有錢，可以住好房子。子女宮追祿，庚太陽化祿，同星耀的太陽，產生了三祿一權在遷移。意思是說，他除了一生有錢，還會有好的果報，這個果報是子女成才的果報，生了一男一女，女的留學美國，現在當了美國公民，男的留在臺灣當醫生了。

財帛非常漂亮，在臺灣一年可以撈到四、五百萬。這個財庫旺，所以會撈到錢、會有好的收入，遷移宮只是形於外，也是果報的宮位。田宅，財庫漂亮，轉入遷移，就是財產形於外是好看的，所以會有錢，會撈到錢，會從外頭看到財產是漂亮的，因此是有錢的命。

2. 為什麼成為江湖術士？為什麼會用所謂的拐騙手段撈錢？其實任何壞的或者是不良的撈錢方式，都可能和福德宮有關，當然也可能跟貪狼、廉貞有關。就這個來說，福德癸貪狼化入疾厄宮，福德忌，不管是哪個星，只要是忌在田宅三方，福德只要忌在收藏三方，都會讓命主城府深、心機重。貪狼就是欲望的星，貪得無厭的心，有貪念，戊天機轉入財帛宮，貪什麼？貪的是財，所以才會下海當江湖術士，用拐的用騙的，轉入財帛宮，又逢巨門生年忌，產生了三忌。在財帛宮三忌，不要以為就賺不到錢，其實命財官三方都不怕忌，只是鈔票在口袋放不久放不熱就沒了，不代表賺不到錢。這個雙忌逢到巨門忌，可能就是會動嘴巴。雙忌就是一種破壞，或者說賺錢的手法是有問題的。

如果現在趕快追忌，從遷移化丁巨門忌入財帛，遷移的忌很容易產生是非，遷移丁巨門化忌入財帛，跟福德癸貪狼忌入疾厄，戊天機轉入疾厄宮，福德三忌，遷移跟福德三忌產生的巨門天機三忌破了財帛。巨門忌是非星，尤其遷移的丁巨門忌入財帛，是金錢是非。巨門就是是非星，顯然是城府深，心機重，愛賺錢，似乎都會產生一種是非之間的錢，當然就容易是個江湖術士，容易是個吃喝拐騙的壞蛋。

3. 福德忌入疾厄貪狼，轉戊天機忌逢生年巨門忌，遷移有丁巨門忌，財帛有三忌，沖福德，等於是遷移跟他的福德，總共造成四忌沖福德（貪狼命忌也算進去），福德癸貪狼忌逢命宮貪狼忌，成雙忌入疾厄，轉戊天機忌，雙忌帶入財帛，逢生年忌，變三忌；遷移丁巨門忌忌入疾厄，四個忌一起沖福德，請問這個人福分夠嗎？福分好嗎？能逍遙多久？他成為江湖術士可以賺很多的錢，可是果報的福是破敗的，他的疾厄跟福德宮衝破了，表示他的肉身是不夠長遠的，短命。現在大限走到疾厄，走到貪狼命忌在疾厄，本命福德是大限的疾厄，癸貪狼忌變成雙忌，表示他在五十三到六十二這個大限，就已經產生了，他的福分已經破，破到什麼地步，可以破到消失為止，因為疾厄宮有了雙忌之後，福德癸貪狼忌。本命福德（大限疾厄）癸貪狼忌入原命疾厄，大限的命宮造成雙忌，等於本命疾厄、大限疾厄，造成雙忌，轉戊天機忌入財帛，遷移丁巨門忌入疾厄，遷移破疾厄，造成四個忌，所謂果報傷身，到了四個忌，災禍是很重的，車禍死亡，或者癌症之類的重病，讓他在五十三到六十二就要結束生命。

本命福德（大限疾厄）癸貪狼忌入疾厄（造成雙忌），轉戊天機忌（逢生年忌）忌入財帛，加上遷移丁巨門財帛化忌，造成四個忌在本命財帛（明年流年疾厄），所以明年必然是生病的開始，不生病也會有意外災難之象。如果走到後年，那就是真正的大劫，本命福德（大限疾厄流年命）貪狼化忌，破了大限的命宮，那後年就是他的災劫已經快要到了，後年的命宮癸貪狼化忌入本命疾厄造成雙忌，戊天機忌入財帛宮，逢財帛丁巨門化忌，造成四個忌在後年的遷移宮。四個忌在遷移宮叫忌入，等於是煙消霧散，最多到後年，就煙消霧散。

十五、雙姓祖先的命例。二〇〇九年。

雙姓祖先的命例　2009年例子

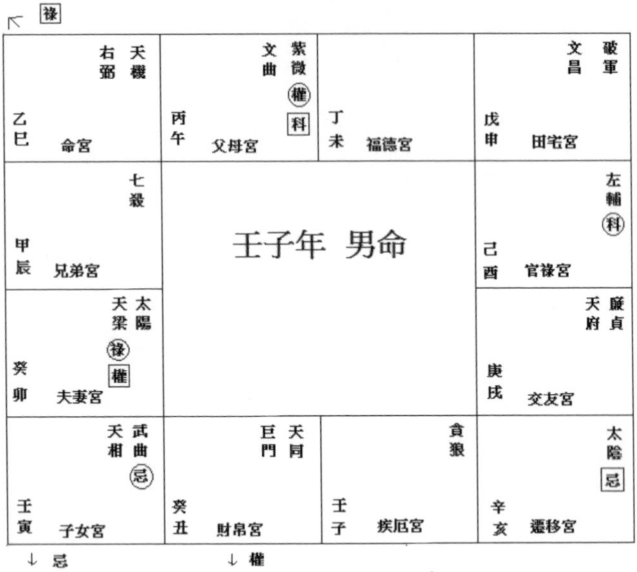

三十八歲未婚：命乙太陰忌入遷移，轉辛文昌忌入田宅，會對宮子女宮武曲生年忌，子田線雙忌。田宅戊天機忌入命，命遷移、田宅產生三角形的循環忌，從田宅宮出發，田宅戊天機忌入命，對應遷移宮的命忌產生雙忌在遷移，轉辛文昌忌，把雙忌帶入田宅，對應對宮子女宮的武曲生年忌，遷移和田宅在子田線上造成三忌。這三忌裡有太陰忌（鬼）和文昌忌（文書方面的問題），遷移宮又是果報宮位，這就是果報傷宅，家裡供了二組祖先牌位，造成三十八歲未婚。

家庭壓力：田宅戊天機忌入命，擔家庭責任，逢命天機自化祿，她樂於受這份責任。命忌入遷移，田宅也忌入命，命遷雙忌，又是太陰星化忌（陰的，暗的），是個看不到希望的家庭。

十六、家裡外面有貪狼忌的問題。墓。二〇〇九年命例。

家裡有貪狼忌的問題。墓。

天機 文昌 己巳 15 - 24 兄弟宮	紫微 庚午 5 - 14 命宮	辛未 父母宮	破軍 壬申 福德宮 38歲
七殺 戊辰 25 - 34 夫妻宮	己未年 男命		文曲 忌 癸酉 田宅宮
太陽 祿 天梁 科 丁卯 35 - 44 子女宮			廉貞 天府 甲戌 官祿宮 → 祿
武曲 祿 權 天相 丙寅 財帛宮	天同 忌 巨門 左輔 右弼 丁丑 疾厄宮	貪狼 權 丙子 遷移宮	太陰 科 乙亥 交友宮 → 忌

忌↓ 權↓

周星飛：這個文曲生年忌入田宅，有家庭的責任感，也有家庭債，轉癸貪狼忌入遷移，這個家庭債顯於外，也表示這個女命的遷移也有忌。

生年忌入遷移——

1. 耿直、憨厚、內向、拙樸、無私、不討好。忘性、嚴肅、刻板、少心機，不善察顏觀色。
2. 不善修飾、不重外表。
3. 笨拙「驛馬」。
4. 宜閒事少理，獨善其身。少能掌控大局。
5. 不得賭、投機。人算不如天算。

6.「不發少年人」，宜上班安穩。
7. 防「耐性」不夠、「意志力」不足。
8. 女命「安靜守分」（無才便是德，多為傳統婦女的個性）。
9. 格局差，防「意外」、「業力」病。
10. 修行：一身清靜的「羅漢果位」。

生年忌入田宅——

1. 生活的「壓力」。
2. 房子「小」或「舊」，或「環境不佳」。
3.「守成」、「儉約」、「安靜守分」、「顧家」、辛苦起家。
4. 宜「上班族」安定，或「現金生意」。
5. 格局佳，「積沙成塔」、小生意賺大錢。
6. 少人事交際往來。
7. 容易是「長子」。
8. 父母辛苦不得志，或為有憾。

學生甲：她家院子外面看確實很陳舊破落。

周星飛：一個生年忌，可以解釋三個情況。

1. 田宅坐生年忌。

2. 遷移視同有生年忌。

3. 田宅忌入遷移。

加上貪狼忌。貪狼，是甲木，她家外面應該是舊木，忌是陳舊的、沒生氣的木頭。死木。權忌，除了爭執之外，還有掙扎。垂死的掙扎，要活的，不要死。

學生甲：老院子裡面的果樹半死不活，師父。

周星飛：那這個女命，也有這樣的個性，爭執。權，強勢；忌，執著。權忌，叫包青天的性格。如果加上貪狼，又可以想到門外的事，加生年權，又有另一種個性。貪狼甲木比較大的樹，如果是天機乙木，就是比較小的樹。

學生甲：她有家庭忌入遷移的問題。她現在住的地方大概一百平方左右，原來是有墳墓的。

周星飛：因為，如果再講神一點的話，貪狼忌在子位，屬北方。田宅癸貪狼忌入遷移，看遷移，貪狼在子，是水，為北方。

學生甲：那貪狼也代表學校啊。

周星飛：對，也可能。不過，忌，這個學校，大概已經完蛋了吧，或是半死不活的學校。破舊的、蓋在墳墓上的學校。

十七、基督教的家庭三個例子

基督教的家庭。例一

天相 己巳 福德宮	天梁 ㊉科 庚午 田宅宮	七殺 廉貞 辛未 官祿宮	壬申 交友宮 38歲
巨門 [忌] 戊辰 父母宮	己未年 男命		癸酉 遷移宮
左輔 貪狼 紫微 (權) 丁卯 6-15 命宮			天同 [權] 甲戌 疾厄宮
文曲 太陰 天機 (忌) [祿] [科] 丙寅 兄弟宮 權↓	天府 丁丑 26-35 夫妻宮	文昌 太陽 丙子 [36-45] 子女宮 ↓	右弼 破軍 武曲 (祿) 乙亥 財帛宮

基督教家庭例一

本例是命丁巨門忌入父母，轉戊天機忌入兄弟，田宅庚天同忌入疾厄。命跟田宅先「對沖」，再轉戊天機忌入兄弟。此命例的家庭，是「基督教」家庭。巨門忌＋天機忌或是貪狼忌＋巨門忌，容易是基督教或其他非佛教的家庭。可以參考看看。

基督教的家庭。例二

↑ 祿

辛巳 遷移宮	天機 右弼 科 壬午 疾厄宮	紫微 破軍 癸未 45 - 54 財帛宮	左輔 甲申 35 - 44 子女宮 47歲
祿 ← 太陽 祿 庚辰 交友宮	庚戌年 女命		天府 乙酉 25 - 34 夫妻宮
祿 ← 武曲 七殺 文昌 權 己卯 官祿宮			太陰 科 祿 丙戌 15 - 24 兄弟宮
天同 天梁 忌 權 戊寅 田宅宮	天相 己丑 福德宮	巨門 忌 戊子 父母宮	貪狼 廉貞 文曲 丁亥 5 - 14 命宮

基督教家庭例二

女命，老公家的父親、母親都是信仰基督教的。借盤看：老公的家庭，是父母宮坐巨門忌，再轉戊天機忌入疾厄；生年天同忌入田宅，再轉戊天機忌入疾厄。所以，串聯了「巨門忌、天機忌、天同忌」，老公的家庭容易有些問題。本例只是剛好宗教上是信仰基督教，同樣命盤的女命，夫家未必一定是信仰基督教的。

基督教家庭。例三。本來是佛教，改信基督教

天機 忌（化忌） 丁巳　遷移宮	紫微 戊午　疾厄宮	文昌 文曲（忌↑） 己未　財帛宮	破軍 祿 庚申　子女宮 29歲
七殺 左輔 丙辰　交友宮	戊辰年 女命		22 - 31 辛酉　夫妻宮
太陽 天梁（權←） 乙卯　官祿宮			廉貞 天府 右弼 科 12 - 21 壬戌　兄弟宮
武曲 天相 31 - 41 甲寅　田宅宮	天同 巨門 權 乙丑　福德宮	貪狼 祿 忌 甲子　父母宮	太陰 權 2 - 11 癸亥　命宮（科↘）

基督教家庭例三：本來是佛教，改信基督教

福德乙太陰忌入命，田宅甲太陽忌入官祿，轉乙太陰忌入命。福德跟田宅交忌了。疾厄戊天機忌入遷移，逢生年戊天機忌。命遷呈四忌之破。

1. 沒有成家的念頭或是想出家。
2. 家庭的事情很多。
3. 可能還有遇到邪門的事，天機忌+巨門忌。

命主二十歲開始網上找男朋友，結果一個弄完被甩再繼續玩，還找到一個算八字的男朋友，但是那個男朋友心術不正，被玩弄之後，還被男朋友告。因

為她要跟他分手，男朋友告她，結果上了很多次的法院。而她也去告別的男人，因為別的男人也是劈腿的，在網路上當男蟲，她不甘心，就去告這個人。那正是第二大限的時候，踏父母宮，真的很像「被鬼附身」一樣，天天在講她的感情事。真是卡陰了。

命主本來信佛教，後來改信基督教。反正，很奇特的人，主要還是遷移有生年戊天機忌，轉丁巨門忌入福德。天機忌和巨門忌基本上也是邪教多。不過福德乙天機祿入遷移，這個還是有善的宗教。

還有這個女的常常被騙被劈腿，遷移丁巨門忌入福德，逢夫妻辛巨門祿來會，不過這個是感情上被騙的標準飛化。

此人也是很標準的阿修羅女。命福德見權，命遷見多忌。不合這個社會的體制。福德也見多忌，脾氣大。

十八、幻聽的命例

幻聽的命例

此人命乙太陰忌入福德，轉丁巨門忌入事業，遷移辛文昌忌入官祿，轉乙太陰忌入福德。命與遷移交忌夫官線上，又交忌在福德宮太陰忌。田宅戊天機忌入財帛，轉癸貪狼忌入田宅宮，逢生年癸貪狼忌。田宅也交忌在福財線上。

此人經常無緣無故的頭暈，耳邊能聽到有人跟他說話，能感應到鬼道眾生之人！跟福德的太陰忌還有串聯巨門忌、文昌忌、文曲忌、天機忌等等有關。

十九、情緒障礙、通靈體質

1. 情緒障礙

（1）、福德宮化忌，或是忌入福德宮，容易想不開、情緒化。

（2）、福德宮的權，或是權入福德宮，容易自大、貢高我慢。

2. 星性

（1）、巨門忌：灰色想法、憂鬱。

（2）、文昌忌：鑽牛角尖、想得很深細。

（3）、天機忌：打死結式的想法。

（4）、廉貞忌：幻想式的愛情觀。

（5）、太陰忌：如女人般的想法。淒美。

3. 此男在第二大限產生精神上的障礙。

（1）、福德以辛文昌忌入交友，跟兄弟宮的生年乙太陰忌，產生雙忌之象。

（2）遷移乙太陰忌入兄弟。

（3）、交友以甲太陽忌入子女，再轉戊天機忌入兄弟。

所以，此男第二大限受福德的文昌忌入交友，引動太陰忌、天機忌而產生情緒上的障礙。

情緒障礙，通靈體質

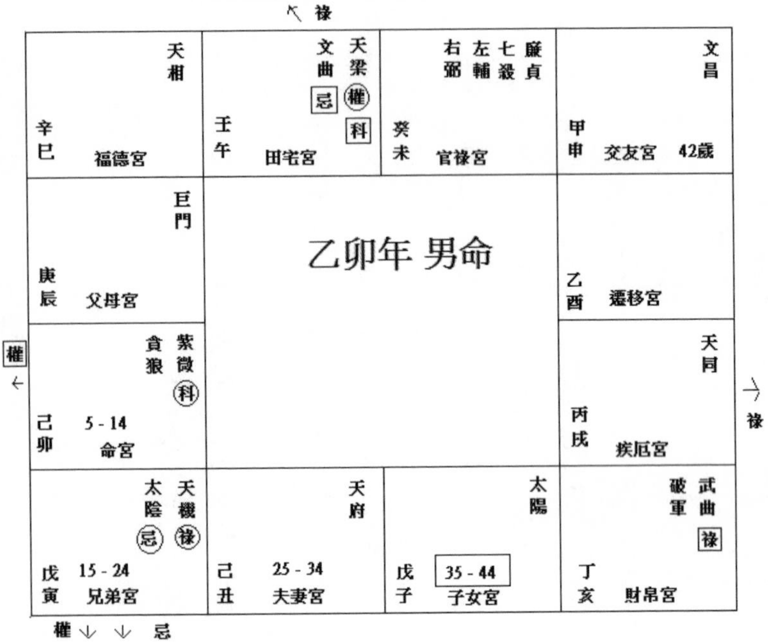

4.通靈體質

（1）、祿轉忌，逢祿來會，多宮位串聯多祿權。串聯貪狼、天梁、天機、武曲、巨門、太陽多祿權，修行的正能量，容易遇神仙、佛菩薩。

（2）、多忌交忌，多宮位交忌一起，巨門忌、太陰忌、太陽忌、貪狼忌，容易遇負能量的磁場、鬼道、妖道。

（3）、福德坐文昌，或是福德宮忌轉忌，串聯文昌忌，想法近於「敏感、敏銳、細膩」，很容易神經質，而跟鬼神有感應、連結。

第五篇

紫微斗數名師命盤交流分析

一、台灣的梁若瑜老師

故事一

虛晴：這是梁若瑜師公的盤，師公研究紫微二十八年，一直放不下。他說，他就是丟不掉紫微斗數。父母坐辛巨門生年祿，轉癸貪狼忌入命，逢遷移戊貪狼祿來會。一輩子有動口的緣分，遷移是社會、是根器，又是戊貪狼祿來會，一輩子說命理，而且能得到社會的掌聲。其實，師公的根器，不是這麼簡單的，你們可以繼續往下祿轉忌逢祿飛化。我講的，大家明白嗎？

周星飛：遷移化戊貪狼祿是很容易有才華的人，遷移的戊貪狼祿也很容易有專業能力，修行的事情要他們去做。可能學修車修電腦煮菜學語文，他們這種遷移戊貪狼祿的，很容易就達到水準之上。學煮菜來說，一般人要多看二三遍，他們只要看一遍嚐一遍，就很容易複製出來了，才華天分很好，專業的能力學習力很強。

學什麼都很快，但是不一定會執著下去，沒有「權、忌」，要執著、精進就不容易。像師公的生年辛文昌忌在父母宮，轉癸貪狼忌入命，是一種讀書需要久才會有得的象義。父母忌入命，讀書總是需要長時間，一步一腳印，事倍功半。但是就因為長時間的辛苦，加上遷移的戊貪狼祿來解這個忌，所以師公的忌就會解。最後心開意解之象。

台灣梁若瑜老師的命盤

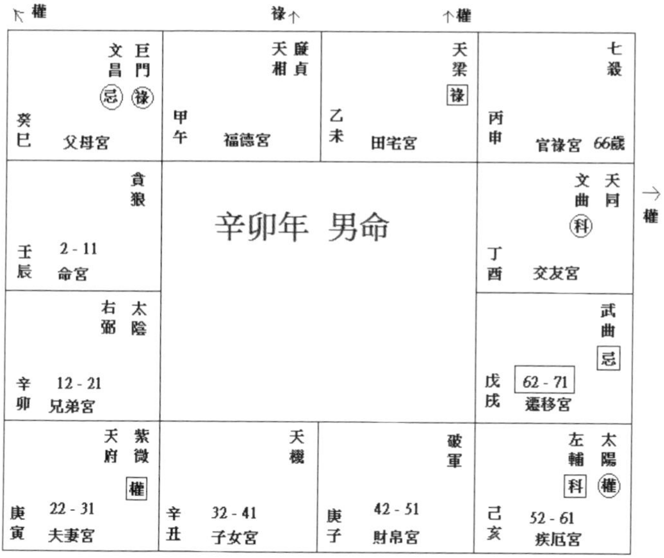

虛晴：師父，這個就是師公說的，擇善固執吧。遷移的祿逢到忌。

周星飛：是。天分好跟執著是二碼事。

故事二

學生甲：師父，武曲忌要拜武將菩薩？

周星飛：武曲是將軍、護法，像師公就說一個親身的例子。他年輕的時候打坐修行，算是有點法力。有次在路上騎車，看到有人當場出車禍了，他沒多想就先念了六字大明咒過去，想幫助那個受傷的人。他說，他感覺被一股力量給「釘住了」，當時他在騎車，開始抓不住機車，就當這個時候，他感覺有另一股力量飛進他的身體，一下子把那個「釘住的力量」給打回去了。事後回想，他感覺是關公來幫他了。

命以壬武曲忌入遷移，「單純而執著的修行」是武曲忌的法門。梁老師說無形的世界少管，他的例子就是好心要幫人，差點就被弄死了。

他的命盤：巨門祿，巨門自化權也是護法神，大型的（自化權）；貪狼是修行星，武曲忌是威嚴，殺氣重，武曲有關的神都是武將型的神明，比如說趙雲、岳飛、張飛之類的。忌就是要執著而努力，忌也是要單一。

故事三

梁若瑜老師以前也打坐修行過，學斗數只是比較執著一點。忌是執著，祿是聰明，有機遇。六十二至七十一踏遷移宮的時候戊貪狼祿入命，跟巨門祿交祿後，這個大限貪狼祿、巨門祿也會進步的。貪狼得到遷移宮（大限命宮）的祿。所以六十二歲開始，就最近常常去弄中草藥的事，自己治肝病。因為長期的煙酒檳榔，肝不怎麼好，自己弄些草藥服用。貪狼忌也是肝。醫術也是五術之一，當然斗數也一樣會進步的。遷移的貪狼祿還是才華增加之象，外面有很多好緣分，也可以說神明都來祿給他了。

故事四

接下來講梁老師的故事。這個有開天眼的十八歲學生也曾經上過梁老師的課，那時他就看到梁老師的照片，後面是五彩祥雲，理當是仙界的人。請問仙位怎麼看？（父母宮）巨門生年祿，文昌生年忌，轉入命宮，逢遷移戊貪狼祿來會。為什麼是仙位，因為沒有權，沒有權就少了官位，可是還有貪狼權來會，明白嗎？

逢疾厄己貪狼權來會，他沒有權直接告訴你，他是政治人物，不過他還是努力地在教學。

所以我可以大膽推測，梁老師如果升仙位的話。如果獲得一點點成就，雖然是仙，仙還是會往上提升，師公會升不叫升官，叫升等，等級的提高是在五十二至六十一的大限，因為疾厄己貪狼權上去，積極努力往上爬。很多仙位的人在福德宮是戊貪狼祿。像遷移宮戊貪狼祿的人學東西保證非常快，也是學習五術的好料子，不過這種人通常是才華出眾但不易頂尖，因為仙位的人一般是自由奔放的個性，畢竟他才華不錯，學習能力快，卻少了點忌的執著。梁老師父母宮文昌忌轉癸貪狼忌入命，就有文昌忌跟貪狼忌的執著，是能得到這個才華出眾。這個才華的星來會貪狼祿的時候，心裡有困擾也能慢慢得到遷移的祿來解。

所以梁老師六十二至七十一這個大限逢遷移戊貪狼祿入命，保證其命理往上升一個層次了。因為得到祿，他就能心開意解了。遷移宮宮干是戊的人多半是有仙位的人。這個你們可以自己去找命盤來看，多半才華比人好一點。

化祿，是圓滿。化權是積極往上爬。化科是優雅。化忌，是阻礙、變質。所以，未知世界的變化在飛星的祿權科忌之上。可以參考看看。

二、台灣的 Homvine、陳義承老師（二〇一〇年的命例）

周星飛：H大的命盤。就是命福德疾厄交貪狼祿忌，這種就是執著而持續修行的命盤。H大是命戊貪狼祿入財帛，逢疾厄癸貪狼忌，是興趣廣泛而身體執著的學習。假設有一個是命癸貪狼忌＋疾厄戊貪狼祿，便是興趣少而精，容易慢慢學、放輕鬆學的命盤。

Homvine：呵呵，是很享受。

周星飛：所以，H大容易對很多五術都有興趣，而且一互投入會很瘋，是一個十足的修行命盤。他的好處是說，子女坐巨門生年祿轉乙太陰忌入疾厄，兄弟丁太陰祿來會。二祿之後，轉癸貪狼忌入財帛。如果再加上田宅、交友辛巨門祿入子女，還有夫妻丙天同祿入子，就是轉忌後，都是跟貪狼有關的好事。像這種馬上集合成二祿，轉癸貪狼忌入財帛，是厲害中的厲害。

Homvine：呵呵，在台灣差一點就破產。今年是起運了，八月到帳一千五百萬的風投。這點沒錯。

周星飛：再舉我的來看。

一樣是生年辛巨門祿入夫妻，轉甲太陽忌入福德，逢遷移、事業庚太陽祿來會。一下子就集合三祿了，轉戊天機忌入事業，我的天分是天機。

H大是貪狼。所以命、福德、疾厄交貪狼祿忌，是基本的修行命格。但是又根據飛化的不同而有根器程度上的不同。當然H大的生年辛巨門祿在子女，表示H大是要中年之後才會發達的。福報在子女等小孩或學生長大了就會發。我是巨門生年祿在夫妻，所以要靠老婆發。

Homvine：呵呵，一則也表色蘊，呵呵。的確二婚後，是發得異常。所以呢，這麼多年，俺還是堅持到正果。老婆是沒幫我什麼，但是和她結婚運氣就來得快。

周星飛：飛星飛來飛去就是一定的手法，子女是福，所以H老師大限踏子女，三十三至四十二得生年巨門祿，是福的開始了。還有遷移壬天梁祿入兄弟，再轉丁巨門忌入子女，逢生年辛巨門祿，是天分好，容易出社會就發，在外有貴人，天上掉下來的貴人或是突然就會開悟了。遷移的好處多多。

Homvine：今天還有人找我。要投資幹細胞研究。具體這件事能成。

周星飛：還有H大的遷移壬天梁祿入兄弟，轉丁巨門忌入子女，逢交友辛巨門祿來會。遷移跟交友交祿，是具有跟各種不同的人扯淡之象。有引領風騷、引動風潮的能力。能跟所有的人和樂相處，天梁巨門動口談天。像我的交友辛巨門祿入夫妻轉甲太陽忌入福德，逢遷移庚太陽祿來會。交友跟遷移交祿，一樣具有同等能力。但我是巨門祿＋太陽祿。

H大是天梁祿＋巨門祿。這個又一定會有差別的。H大的口才比我更好。天梁巨門都是口才好的星，我的巨門太陽，太陽是政治星，所以H大比較不會搞組織。我可能比較會搞組織，政治星的特點搞組織，所以太陽祿權多的搞政治是適合的，也比較博愛。光照天下。

Homvine：巨門，長屁股。長屁股是南方話，是說和人聊開忘了回家。

我哈，是要靠別人。所以要有人幫我弄這一塊。俺是不喜歡政治的呢。喜歡做生意，但是以另個角度，喜歡以團隊做生意。

周星飛：我去弄個官員當當是可以的，太陽星的特點是政治組織。飛星的特點是宮位加四化加星性。H大的太陽祿權也多，也是有搞組織的能力，不過因為我的是從交友跟遷移而來，適合組織一堆人。遷移、交友屬比較廣泛的人際關係。

但是H大的太陽祿權，是福德、官祿、交友、田宅而來的，比較像是工作上的。我的組織能力高於H大，是從宮位上的差別來區分的。

Homvine：那是因為我想到教學我就頭疼。

周星飛：像H大，福德庚天同忌入子女，他是對學生很挑剔的，沒有三兩三的，別想當他的學生。福德的忌都有挑剔的性格。比如說，福德忌入財帛除了愛工作賺錢之外，還挑剔賺錢的方式，並不是有錢賺就好，還要符合味口。

Homvine：挑剔賺錢的方式！這一點是絕對正確。因為我喜歡做別人沒有的。

台灣的陳義承老師

↖科

太陰 權 右弼 科 癸巳 疾厄宮	貪狼 祿 甲午 43 - 52 財帛宮	巨門 祿 天同 乙未 33 - 42 子女宮	武曲 天相 丙申 23 - 32 夫妻宮 46歲
廉貞 天府 壬辰 遷移宮	辛亥年 男命		太陽 權 天梁 左輔 丁酉 13 - 22 兄弟宮
辛卯 交友宮			七殺 戊戌 3 - 12 命宮
破軍 庚寅 官祿宮	文昌 忌 文曲 科 辛丑 田宅宮	紫微 庚子 福德宮	天機 忌 己亥 父母宮

科↓　忌↓

周星飛：H大福德庚天同忌入子女，也是挑剔學生，並不是每個學生都可以教的。然而一旦成為他的學生，他是百分之二百的關心。很挑剔，但也很執著。

Homvine：慘，都透光了，春光外洩。

周星飛：今年來說，子女乙天機祿入父母（流年子女），今年有小輩，讓他高興於臉上，天機祿很聰明的，逢命宮戊天機忌是能讓H大嚴肅的臉孔多笑的，也可能今年會生小孩，只是說有可能。也或許今年是盡孝的一年，所以就要生小孩。

Homvine：呵呵，我老婆說再生一個。最近，俺說看到床我怕怕。

台灣的周星飛老師

↖忌　　　　　　　　　　　　　　　　　　　　　　祿↗

廉貞 貪狼 忌 癸巳 36-45 子女宮	巨門 祿 文昌 忌 科 甲午 26-35 夫妻宮	天相 乙未 16-25 兄弟宮	天同 天梁 文曲 科 丙申 6-15 命宮 46歲
太陰 壬辰 46-55 財帛宮	辛亥年　男命		武曲 七殺 丁酉 父母宮
天府 辛卯 疾厄宮			太陽 權 戊戌 福德宮
左輔 庚寅 遷移宮	紫微 破軍 辛丑 交友宮	天機 權 右弼 庚子 官祿宮	己亥 田宅宮

周星飛：那就加油吧。命忌入父母，有孝順的個性，還可能有愛讀書的個性。

Homvine：還有容易上臉的性格、板著臉。

周星飛：反正過了田宅生年忌，沖的那個月，生小孩的機會就大了。大家說說是幾月？

虛晴：過了八月。

周星飛：明天是七月。福德宮的忌或是祿轉忌都入子女。

Homvine：差不多。我打算陽曆的九月。但是心裡怕怕的。

周星飛：只要過了忌沖的月份，要生就簡單了。這個怕怕的也是一種挑剔的個性。

Homvine：老婆都是高齡，明年和我

都四十。

周星飛：不過，子田也是好幾忌，所以像福德官祿都是庚天同忌入子女，這個也是要多控制一下，別對小孩挑剔，或是別對學生 挑剔，多修點這方面的福，一定有好處的。怎樣H大？收學生吧？廣被福澤，多為學生盡力，子田線就不會破得重了。

Homvine：收學生，我頭疼，眼見明年就到四十，是答應師父的期限。師父可能看我懶，所以在教我要我下個誓。四十要教學生我都沒準備。

周星飛：田宅坐生年辛文昌忌，本來有自私之象，但是逢田宅辛文昌自化忌，能減少自私的個性。所以想必也是過了田宅的那個月之後，田宅辛文昌自化忌了，自私的性格慢慢退去之象，去年就有這個情況了。

Homvine：哪一派的手法都好。學得好都是箇中翹楚。

周星飛：今年會更少一點。H大就慢慢不自私了。各位同學，要拜師的快登記。

故事二

多祿權入遷移、兄弟，父母，保證都是檯面上的大人物。H大比周星飛厲害。多祿權入兄弟，周星飛沒有祿權入兄弟、命盤串聯到錢的宮位，所以賺錢不厲害。

H老師的命盤子女生年辛巨門祿，再乙太陰入疾厄，逢兄弟丁太陰祿，再癸貪狼忌入財帛。巨門、太陰多祿入財帛，跟錢有關，而且他的命宮又戊貪狼祿入財帛，再轉甲太陽忌入兄弟，這個也是專業或是五術能賺錢之象。H老師沒從事算命之前，是作空調冷氣的老闆，這個專業也是很強的。因為多祿入兄弟、財帛，所以賺錢相當厲害，才華很高。

祿入兄弟也容易有小成當老闆，當然也是賺錢多多，所以H老師五術能賺錢多道理在此。厲害的人物，飛化都串聯財帛、兄弟、田宅的宮位多。就像打職業足球、棒球、藍球一樣，高薪的人是能力最強的。所以能高薪的人，通常有好的飛化。

故事三

陳義承老師自己說他突然開竅。命理技術很厲害，因為是被神明抓去學習的。他說有二年的時間，只要到晚上七點，就一定昏倒，然後十點醒過來，他就常常在這個時間到自家的土地公廟前，去打坐了。他也不知道學什麼。可能是神明幫忙，然後就突然通了。

對我們來說，這個是神話、鬼話。但是，他那麼厲害，就必然有神明的幫忙。他家的神明是土地公，他說二〇一四年之後，最近一、二年，神明一直叫他回去當廟公。他還說，土地公都請幾個師兄弟跟他說，然後還請幾個師姊也來傳話，每個人都說：「就你家的『伯公仔』叫我們傳達的。」

所以他家的土地公很靈驗，很多外地人來拜土地公。他問這些外地人怎麼知道的，人家都說「土地公夢境顯示的」。所以能人上人的，通常還是要有神力的幫忙。H老師的貪狼幾祿，你們數一下就知道了，貪狼至少三祿二權，太陽祿權更多，五祿四權，而且在財帛、兄弟，是錢的宮位，他五術能賺多錢也是合理。所以，宮位的不同造就不一樣的成就。

故事四

遷移壬天梁祿入兄弟（成就位），遷移祿入兄弟容易有成就，天梁講話很有一套，他最近幾年常去學校、保險大公司講姓名學。轉丁太陰忌入子女宮，逢巨門生年祿，逢交友辛巨門祿來會，逢田宅辛巨門祿來會。遷移跟交友交祿，什麼人都能聊，可同時間跟很多人聊天。而且還串聯天梁跟巨門祿（講話的星），口才一定是不得了的好。以前師公講過遷移跟交友交天梁祿巨門祿的那個人，在酒店（有三陪小姐）當媽媽桑，死的都能說成活的，有她在到處都是快樂。葷黃各種笑話都厲害。

天梁串聯上巨門保證是個能說善道的人，他命盤上必然有特殊的飛化。越厲害的人可能串聯兄弟、遷移。最好的是這個兄弟宮換成父母宮、遷移宮，都是很厲害的人。我的就沒有。

遷移祿入財帛（錢）、兄弟（成就），當然還是跟錢扯上關係的多，所以他賺錢很厲害啊。算個命，比如批那個命書，如果用電腦打字一張二千塊，用手寫的常常一張五千塊。命盤上特殊好的飛化，他一定有。

至於不好的飛化嘛，H大常常在網路上當起公安、司法人員，跟人打筆戰。會有嫉惡如仇的個性，多半在父母宮、遷移宮有忌。遷移（後天的道德良知）、父母（先天的道德良知）見忌，如果不是很亂、無厘頭的話，多半就是很嚴肅的人。H大的命盤上命忌入父母，容易是愛學習的人，也是個孝順的人。沖疾厄，代表他工作可能要常換地，一會北京一會廈門，一下出去看風水，坐席不暖。轉入田宅表示孝順的個性會是長時間的收藏象，可以說自從他懂事以來，幾乎都在扮演孝子的角色。

忌入父母：先天上就是比較嚴肅的相，然後忌入田宅，而且交友再忌入田宅，父母跟交友交忌了，所以常常當網路員警打筆戰（文昌忌），糾正、維持命理學界的穩定。如果沒有他，可能會有一些奇奇怪怪的人到處說三道四。

父母（理智位、讀書）與交友（競爭力）交忌（衝突）——

1. 競爭力有損，也可能讀書被當、留級、退學、休學。

2. 父母（理智位）跟交友交忌，往往不太理解朋友在做什麼。不理解有兩個：

（1）主動的不理解，他想要了解對方，對方不跟他講。

（2）他被動的不想知道，你不說就算了。

比如說，父母宮（理智宮位）跟疾厄宮交忌，不懂得養生之道；父母跟財帛交忌，對工作賺錢沒有大腦，或是沒野心，或是沒有方法，先天上的理智對這方面有所缺乏；父母跟官祿交忌，對工作常常迷糊；父母跟命宮交忌——

1. 大概你跟父母的緣分就不好了。
2. 因為關係到你的學習跟人生方向，所以你可能在學習（父母）和人生方向上（命宮）是有問題的。可以說是對人生的目標比較困惑，或是想學也學不到。

先從一些比較簡單的去解釋，再慢慢學習解釋其他比較困難的。第一個剛才講父母跟交友交忌在田宅，任何好事壞事到田宅宮都是收藏相。父母忌入田宅、交友忌入田宅：所以他要打一個人的話，不達目的絕不鬆手。問題是交友也忌入田宅，想必對手也不輕易投降。反正，任何事忌入田宅就是要很久很久，所以他跟人家打筆戰經常不只一年兩年的。

比如，疾厄忌入田宅又跟父母或交友交忌，疾厄忌入田宅（大收藏宮），這個人一定有長時間的毛病，久病纏身，健康上很辛苦，業力不會很快三兩下就饒恕你的。再看，他的命盤福德跟官祿宮庚天同忌入子女宮，他有跟人合夥，好像是個APP算命軟體，還有什麼算命公司吧。官祿宮忌入子女容易有合夥之象，那福德忌入子女就有挑剔學生之象。所以H老師他收的學生不多，每一個班才幾個學生而已。而且子女宮有祿，雖然不同星，但還是有挑學生的想法。當然還有一個重點，畢竟忌入財帛，忌入兄弟的，多半還是會以金錢思考。不過，H大他有空也在群裡教學。遷移跟交友交祿也有人緣好的一面。感覺上，也不太自私的。

厲害的人除了飛化的結構好之外，還要看宮位。因為H老師的結構漂亮啊，所以發財，才藝星、桃花星、大偏財星如廉貞、破軍、貪狼，跟像田宅、財帛、兄弟這幾個錢的宮位串聯上，保證發財速度很快。財帛跟父母交祿了，所以學習可以帶來財富，以後也可能出書、上電視，然後發財的點子多。

其實把命盤上每一個好的結構搞清楚以後，重點還是要會解釋，只要會解釋，他的人生就大概八九不離十。所以人家八字有一撇。

他說他是龍神三太子，怎麼看？跟我很像，也有個太陽祿權多。當然這個是參考之說。只要兄弟宮、遷移宮多祿權的，必然在社會上是好混的、有成就的。命盤是這樣子的，只要遷移宮、兄弟宮多祿權的，像地球老師他父母跟遷移就多祿權，想必在天上也是高位階的人。

通常我們這輩子和上輩子只是換個角色而已。我們上輩子是什麼樣子，這輩子大概就這個樣子繼續。不會上輩子是國王，這輩子變成窮光蛋。不會啦。福報是累積的，福報也是慢慢消退的。好的不斷上升，上輩子做壞事，這輩子可能變壞。這輩子多吃苦，要看你苦吃的是不是夠多了，或到底是還上輩子的債還是消這輩子的債？比如說，你上輩子欠人家一百萬，這輩子還人家五十萬，還有五十萬要還。概念很簡單，欠多少還多少。

所以，他講的龍神三太子轉世，當然純屬神話故事，聽聽即可。反正這種厲害的人，人生是很有故事的。轉世不會看，但可以看出上輩子大概是什麼樣子，比如是窮人還是有錢人。如果會輪迴的話，通常上輩子接著這輩子，這輩子接著下輩子。

三、台灣的周星飛命盤

台灣的周星飛老師

↖忌 ｜ 祿(方框)↗

廉貞 忌(方框) 貪狼 癸巳 36 - 45 子女宮	巨門 祿(圓圈) 文昌 忌(圓圈) 科(方框) 甲午 26 - 35 夫妻宮	天相 乙未 16 - 25 兄弟宮	天同 天梁 文曲 科(圓圈) 丙申 6 - 15 命宮 46歲
太陰 壬辰 46 - 55(方框) 財帛宮	辛亥年 男命		武曲 七殺 丁酉 父母宮
天府 辛卯 疾厄宮			太陽 權(圓圈) 戊戌 福德宮
左輔 庚寅 遷移宮	紫微 破軍 辛丑 交友宮	天機 權(方框) 右弼 庚子 官祿宮	己亥 田宅宮

故事一：什麼人會住死巷子、住兇宅？

周星飛：師公有一個命理，怎麼看住死巷子的！

1. 田宅的忌，或是忌轉忌，入父母，遷移。

2. 田宅的忌，忌轉忌，逢自化忌的。

這些人都比較容易住死巷子！

田宅己文曲忌入命，轉丙廉貞忌入子女，逢子女癸貪狼自化忌。福德戊天機忌入官祿，再轉庚天同忌入命。

我最早的家，算是死巷子，不過路底有一個巷子。

我住在巷子尾的倒數第二間。巷子最後面還有一條可以過一個人的那種巷子，主要是在巷子裡，有點交通不便。自化忌，可能就是有點解，沒有完全封死。

學生甲：那忌或忌轉忌入父母、遷移的，就可能沒有通道了吧？

周星飛：沒錯，也是巷子。還有自化忌，田宅乙太陰忌入父母，逢自化忌，也是交通不便利的地方 這個命理很簡單，也很方便，容易理解。現在我的父母還是住在原來的家，死巷子，但是我離開了。以命理來說，田宅忌入父母。這個家不好看，比如說，很破爛的外表、很舊的門、不好意思對人說「那個是我家」。沖疾厄，家運不開。再說，田宅忌入遷移，也是這個家被罵、門風不好、容易被指指點點的。

學生甲：我田宅忌入遷移。

周星飛：所以你賣房子很快啊，說不要就不要了，處理房子的事，有一條筋的做法，很直率。

學生甲：田宅忌入遷移——

1. 出生「身世差」或防「家道中落」。
2. 容易「搬遷」、「脫產」、「退財」、「耗散」。
3. 不適合自己名下置產，不動產「緣薄（晚）」。
4. 房子舊、門面差、住所偏僻，或住家環境窒礙、雜亂。
5. 防「男丁頹虛」（男丁少或沒出息）。

6. 門第名聲差、宗疏親離。

7. 容易有風水上的問題。

什麼宮忌入父母，都是不好對人說之象，比如事業、子女。

周星飛：對啊，住死巷子裡，風水比較不好吧。飛星論壇有一篇文章，講田宅祿入交友三方的特點，你們可以反面想一下！

田宅祿入父母——家的外形好，門面好看，照疾厄，交通方便。

田宅祿入子女——適合住在學校附近，照田宅，門前寬大之象。

田宅祿入交友——人多的地方，照兄弟，適合開店。

田宅祿入交友三方——都是家靠近「人多的地方」、「高大寬闊」。

田宅忌入父母——家的外形不好看，沖疾厄，交通不便。

田宅忌入子女——沖田宅，門前狹窄。

田宅忌入交友——人氣不旺。

故事二

周星飛的老家，小時候也靠近墳墓，大概二百公尺。一九八五年之後，政府重新規劃，把墳墓都遷走，改成運動公園。如果不是最後子女宮的自化忌，如果福德田宅交忌之後，又逢生年忌，就有一輩子都跟這個有緣之象了。最怕的，是「生年癸貪狼忌、巨門忌入田宅」這種，然後福德遷移夫妻又忌入田宅，這種是十足的長期跟這些墓、鬼，壞風水有不解之緣的象。

故事三

前面的故事裡，有個學生能通靈，就是那個會作火供，只來問我「佛說不可以算命」這個問題。她眼睛能看到常人不能看到的東西，可能類似台灣所說的「陰陽眼」。有一次聊天，她就說：「老師，我看到你的相片裡飛出一個『黑白判官』。」我就給她看了布袋戲裡的黑白郎君相片，她說，差不多是這樣子。還說，她看過二人有這個情況的，一個我，一個就是山西小院裡的大師兄。我也不知真假，轉述給大家聽聽。她也說她的老師梁老師的相片，後面是七彩祥雲之類的。總之她是一個很有故事的人，就當聽故事吧。

故事四

周星飛的命盤，首先是福德戊天機忌入事業，這個就是對工作十分的偏執，對工作有偏好，而且對工作很專研。福德的忌是偏執，這是重點之一。

福德先有祿權以後通過祿轉忌，就完整的把祿權帶到了天機。福德宮的太陽祿權有那些？

遷移庚太陽祿入福德；事業庚太陽祿入福德；疾厄辛巨門祿入夫妻，轉甲太陽祿入福德；交友辛巨門祿入夫妻，轉甲太陽祿入福德；生年辛巨門祿入夫妻，轉甲太陽祿入福德；太陽權，生年辛太陽權入福德；交友辛，太陽權入福德；疾厄辛，太陽權入福德。

生年辛巨門祿入夫妻，逢子女癸巨門權入夫妻，轉甲太陽忌入福德。這樣一來太陽就是五祿四權，轉戊天機忌入事業，這樣天機馬上就有了五祿四權，福德忌入事業的缺點就變成了優點。這樣天機就很強大，又愛鑽研又有祿權，鑽研就不是死鑽研而是能鑽出東西來的。

遷移祿入福德，表示人際關係、待人處事或是社會經歷能讓福德更圓融。生年權入福德有自大的意思，在不知天高地厚的時候，常常是眼高手低之象。在得到遷移事業祿之後，這種不知道天高地厚一樣還是存在，但總是對事情多了理解。光有積極，沒有路沒有用。有了積極有了路，那才能走到目的地。我每過一段時間就會講不同的東西、不同解釋的方向，愈來愈完整而清楚。不過是因為人生的挫折多了，看事情也多了，愈來愈有體悟。

遷移的祿入福德，是天降喜事。常常一個命理就在一瞬間跑出來了，或是跟大家在聊天的時候就想到了，這個就是遷移的功用。如果沒有遷移的祿，天機忌就可能是死腦筋，不知道靈活運用變通。遷移是EQ位、待人處世、應對進退。應變力的宮位。

而且福德的戊天機忌入官祿，福德的忌容易挑剔、偏執、細心，天機忌適合條理化的學習方法，一條一條的加以明細。所以，我只是剛好來學斗數，我如果去學八字，那肯定也會把八字細緻化、條理化的。這也是一種學習方法的。

故事五

所以，其實命理真的沒有那麼困難！尤其梁派飛星紫微斗數，其實，它就看有緣跟無緣嘛，只要記得這個概念，宮位的組合就是這樣子而已嘛，那剩下就是組合能不能解釋得好，如此而已。在鬼神相關的問題，大概百分之一二十你們不能理解的，因為純粹就是學理上的推論，沒有實際的印證。因為天上升官升不了官，我也不知道啊。

有一次，梁老師的學生、我的師兄弟，他家裡有開土地公。我跟師兄說你們家的土地公有升官耶、大概什麼時候升。他說他回去問一下。為什麼他家的土地公會升官，因為祂跟你有緣，你有在修行，祂也跟著升嘛。就像我的這個判官會不會升官，因為我做的事就等於祂做的事，祂如果讓我變壞了，祂也會有事。所以祂會鞭策我。同樣的，你們努力升級，背後的護法也會一併升級的，所謂一人得道雞犬升天嘛。

比如說，虛雲老和尚想必也是仙位裡面很高等智慧的人，至少他是走修行路線的人，因為他貪狼祿多，權少。我有太陽生年權，其他權很多，所以我看起來還是走官位路線的東西。可是仙就比較不是走官位，像佛菩薩其實都比較是仙位的，仙位不會弄到權這個東西。這要慢慢理解。佛曰不可說，但命盤還是可以看看的。希望大家好好努力修行。

大陸的虛晴(紫微白娘子)的命盤

天梁[權] 丁巳 官祿宮	七殺 戊午 交友宮	己未 遷移宮	廉貞 庚申 疾厄宮 39歲
紫微[科] 天相 丙辰 田宅宮	戊午年 女命		辛酉 財帛宮
天機(忌)[祿] 巨門 乙卯 福德宮（←祿）			破軍 壬戌 34 - 43 子女宮
貪狼(祿) 文曲 甲寅 父母宮	太陽 太陰(權) 左輔 右弼(科) 乙丑 4 - 13 命宮（↓[忌]）	武曲 天府 文昌 甲子 14 - 23 兄弟宮（↓科）	天同 癸亥 24 - 33 夫妻宮

故事一：師父指明虛晴的性格缺陷

周星飛：遷移跟交友交忌，這個代表說做人處世要多注意點，別給人家太多議論的空間，不然遷移跟交友交忌也容易是孤獨之象。

虛晴：嗯，是，其實，我挺害怕外面的世界的，我怕受傷害。

周星飛：所以作任何事都要想一想，還要多用點心，把事情做得圓滿一點，別有應付或是差不多就好的心態，要盡量做到完整。做到九〇%吧！別做到五〇%就覺得很好了。這個就是遷移跟交友交忌的問題，待人處世不夠周全，容易落人話柄，或是常常缺東缺西的，不夠完整。

虛晴：是啊，師父，肯定是我有問題。

周星飛：還有遷移忌入父母，這個也是有點不會看人臉色，或是看人臉色的事會覺得很煩不想去做，這個也保證一定吃虧的。

虛晴：是啊，師父，我待人處世挺失敗的。

周星飛：遷移忌入父母，沖疾厄，所以不會巴結長官就準備流放吧，沖疾厄（官祿的田宅）工作的場所，或是沖疾厄（交友的福德）你不會巴結，可能也會造成別人的困擾、造成同事的困擾。

虛晴：嗯，是，我有的事做得不圓滿。

周星飛：可能沖疾厄（田宅的事業宮＝家運），也可能因為不會巴結長輩，讓家庭的運氣減少了。

虛晴：天啊，這麼慘。幸虧我還有好的父母和老公，要不，我真喝西北風去了。

周星飛：家庭有歡笑一定會興旺啊，如果不對父母多微笑，怎麼會興家旺宅呢？我認為命理就是指出我們的缺點，然後盡力去改善，一定會讓人生過得更好點。並不是說一定要發大財，作大官，這樣的人生未必一定是幸福的。

虛晴：我懂了，師父，一定記在心裡。唉，師父，我何嘗不知道自己這些缺點，只是，人改自己的缺點，太難了。比如，我有孤僻的個性，可是我覺得好難改啊，我覺得做人真的好失敗啊，也不會攀緣，還自閉、任性，還胡思亂想，壓力承受力差，所以社會融合能力特別不好。我要是圓融一些，喜歡親近人一些，別那麼清高，可能生活就多了很多快樂。

我儘量儘量的調整吧，戰勝自己好難！

故事二

虛晴比周星飛老師更早出書，為何？父母有生年戊貪狼祿，是聰明之象。交友戊貪狼祿入父母，遷移已貪狼權來會，這個是專業能力的領導力之象，有機會在專業舞台上占一席之地的。所以，聰明的人必然父母、遷移多見祿，容易發光發亮的。

但是，也因為過多的算命，讓她的福德產生多忌，而影響到她的精神狀態。所以，從二〇一三年之後，差不多就淡出了命理界。很可惜的一件事。

故事三

學生戊：我一直想問，虛晴就是紫微白娘子，怎麼不見了？

周星飛：她啊，受不了別人好苦的人生，心裡悶了就退了！整天聽人訴苦，所以算命也是一種「心理醫師」，如果心理素質不夠強大，很容易被別人拖下水。當然這個是看得到的，也還有看不到的，像因果、卡陰之類的，就像醫生也不一定長命，為何？整天接觸病人，難道會長壽？

有的命盤問題在很多看不見的事物之上，就像梁老師說過一個故事。有一個男的，有個十來歲的兒子有點「殘障」，那男的來問命，問到最後一個問題，就說他的業障什麼時候能結束，暗指這個小孩跟他無緣，不管是死或是給別人都行。梁老師看了一下，就大概回答他了，卻沒想過，說出這個答案有什麼後果。因為他是有修行的，所以對無形界的事物都比較敏感，覺得講了這個答案之後不太對勁了。後來自己想為何會如此？應該是「這個業障是要折磨這個父親的」，在心理、身體上折磨他，對他講了答案，讓這個父親心裡輕鬆了，就折磨不到他了。

問題是折磨的時間還沒了啊！那剩下的，要找誰要？當然是說破的人要承受了。那他還受得了，有的人受不了。就像白娘子一樣，看盤多了也會受折磨的。

命例裡有，殘障分二種——肉體和精神。不說這個業力之事，大家就會把算命當作娛樂，容易輕忽不尊重，畢竟這個事也是大家會遇到的，精神病也是病。多忌入福德就容易罹患。多忌入福財線也容易。或是福德忌入遷移父母之類的又多忌。遷移忌入福德的精神問題，在於外面的世界容易刺激你的福德，所以容易生氣、卡陰。

五、大陸的玩轉地球老師

大陸的玩轉地球老師

↖科

七殺 紫微(權) 乙巳 24 - 33 福德宮	丙午 34 - 43 田宅宮	丁未 官祿宮	戊申 交友宮 35歲
天梁 天機(祿) 甲辰 14 - 23 父母宮	壬戌年 男命		廉貞 破軍(祿) 己酉 遷移宮
天相 癸卯 4 - 13 命宮			庚戌 疾厄宮
文昌 巨門 太陽(權) 壬寅 兄弟宮	右弼 左輔(科) 貪狼(忌) 武曲(忌) 癸丑 夫妻宮	文曲 太陰(科) 天同 壬子 子女宮	天府 辛亥 財帛宮

↓忌

故事一：二〇一六年命例。

周星飛：玩轉地球，我寫書會把你的命盤放到我的書裡，可以嗎？

當然會去掉生辰的。跟大家介紹檯面上幾個大師的命盤，每個命盤跟不同的地方，有依婷、地球老師、周星飛、梁若瑜、陳義承跟丁老師。擺得上檯面的都收集上來。

玩轉地球：可以啊，周大師儘管用，謝謝，我先預定一本。

周星飛：寫鬼神論，那原則上這些老師都算仙級了，一定要收集並加以介紹的。

玩轉地球：哈哈，太感謝周大師抬愛

了，這個我確實誠惶誠恐。梁宗師和周大師比較擅長看這個。因為臺灣民眾比較能接受，但在寫的時候要考慮一下大陸的接受水準，很多人會認為有點點迷信。

周星飛：我只是忠實的寫出「紀錄」跟故事，就像命盤就長那個樣子，要不要接受也不會改變命盤的。要知道菩薩神仙「轉世」也是有命盤的，每位高僧大德也一樣有命盤。地球老師如果不作風水老師的話，出家去也是一代高僧的。

玩轉地球：假如出家做高僧不敢說，但我確實會為了脫離六道而努力修行參悟的，而且將來也確實有出家的打算。

周星飛：像你夫妻宮這麼多忌的，很適合作苦行僧，餓肚子的。日中一食也可以的。

玩轉地球：那請周大師用飛星理論講一下，嗯，餓肚子，就容易瘦，身材好了。我一天確實是經常一頓飯，可惜沒吃在中午。我倒也沒什麼病。

周星飛：夫妻宮「有忌」——

1. 不容易「胖」。

2. 通常可以吃少。

3. 吃多就不消化或是拉肚子。

夫妻宮忌的特點，「一般般的老師，夫妻宮只會看感情，其實還有很多事可以看的。所以只要「忌入夫妻」，流日命忌入夫妻宮，就很容易變瘦，或是通常可以吃少，或是吃多就不消化、拉肚子。夫妻宮比如可以看「外婆」、可以看廚房、可以看胖瘦、可以看飲食、可以看舅舅等等。

玩轉地球：我是吃少。吃一頓有的時候飽三天。

周星飛：那夫妻宮還有個「生年壬左輔科」。這個如果講吃東西的話，也很適合吃小口、精緻的食物，代表的食物是壽司。有忌適合餓肚子，有科呢？一餓肚子就會找小東西去吃個二三口止餓。那還有夫妻宮的自化忌，這個就像餓過頭了就大吃特吃，大鎖全開了盡量吃一般可能是多忌在夫妻宮，平時是餓的狀態，但是自化忌就會產生業力的消退，所以餓過頭了就大吃特吃一頓了。

玩轉地球：對的。平常吃一點點心啊糕點啊，喜歡這樣大飽口福。

周星飛：不過原則上還是夫妻多忌，然後吃一頓又頂一天，還是平常都是餓的，自化忌會產生變化，好事壞事都消失。這是講夫妻宮跟吃的關係、肚子飽或是餓的關係、減肥或是增胖的關係。

玩轉地球：飛星是這麼論的，但很多人搞不明白為什麼用夫妻論。

周星飛：沒有為什麼。「背」就對了。我不知道遷移宮是講什麼的，命宮是講什麼的也是別人說的，這叫作定義，就不用講理論。如果講得不對，然後學生用起來也不對，那就要檢討定義對不對了。

玩轉地球：我有一個定義——夫妻是疾厄的田宅、夫妻是福德財帛，是享受兑現的位置。

周星飛：反正總是用對就對，怎麼解釋我覺得都有點多餘。書上是說夫妻宮是疾厄的田宅、胖瘦的收藏宮，這個是標準解釋。所以，以此類推每個宮位都是某一宮位的收藏宮。比如說官祿是父母的田宅宮，如果官祿宮有忌的話，可能讀書的腦容量就不大，比如說遷移宮是田宅的田宅宮，如果遷移有忌的話，家中的田產容量就不大。比如說父母是夫妻的田宅宮，如果父母有忌的話，感情的容量就不大。以上推論對不對，你自己判斷，畢竟這個又繞了好幾圈了，而且也不常用。通常比較會用的在「田宅宮」，命宮的田宅宮有忌，比較不是大富，屬小富命格節儉之象，那其他宮位的「田宅宮」就少論了。

玩轉地球：咱們還是回到看神佛的問題上。大家都期待的。

周星飛：那第二個是持戒的看法，只要廉貞忌入遷移父母之類的，或是遷移父母忌轉忌，串聯廉貞忌，就容易有持戒之象，所以你的命盤，田宅宮（大限命宮）以丙廉貞忌入遷移。

玩轉地球：田宅轉過去的可以理解成在家持戒不？

周星飛：在家持戒可以。家讓我持戒，所以我跟地球老師說過了，如果不持戒只怕家道中落之象。嚴重的。

玩轉地球：為了家持戒、在家持戒都有。對的，周大師和我講過的，記住了。

周星飛：如果你不持戒的話，怕是後面問題很大，而且有可能就這個田宅大限掛掉了。

福德乙太陰忌入子女，田宅丙廉貞忌入遷移，再轉巳文曲忌入子女，疾厄庚天同忌入子女。至少三忌入子女，沖田宅，是福德疾厄遷移忌入子女，這個不是壽相。

玩轉地球：殺生戒這個是受的第一個戒，這個大限假如挺過去，下個大限更兇險多忌沖。

周星飛：而且這麼多忌入子女，沖田宅之後，再轉「壬武曲忌入夫妻」又逢很多忌，這個田宅大限讓你躲過了，下個官祿大限真的是〇．一％的機會活下來。因為太多忌了。

玩轉地球：所以啊，將來假如我掛掉了，大家看書就知道我為什麼死的。

周星飛：不過如果你好好持戒修行的話，應該是一個苦行僧的會斷食絕食之象，可能有機會像達摩祖師一樣，面壁九年。

玩轉地球：這個確實有難度的，盡力再修。大家到時候買周大師的書學習，上面有我的命盤，知道我的劫數了。

周星飛：如果有達摩祖師的命盤，我認為應該就接近這種命盤。不然面壁九年不吃不喝的，我說的這些命理，還沒有那個門派會解釋的。

玩轉地球：這就是上面周大師講那個吃的問題的原因，就算在講修行也是在星的角度去講。比如寡宿啊、天空啊、天梁啊孤辰啊這樣的。其實用星的一套可以講修行的緣分，但講不了持戒啊。

周星飛：我說的這一套是環環相扣的，如果從命理上不能緊扣，只是點上面的解釋，那踢鐵板的機會就很大了。

玩轉地球：周大師說了讓我持戒，我得繼續，否則十年後你們就看不到我了。只能看周大師書上講我的命盤做紀念了。

周星飛：所以我認為地球老師有可能下個大限「面壁十年」。

玩轉地球：至少要面壁一陣子的，前提是我要活到那個大限。我的打算就是四十四至五十三的大限暫時出去修一下。尤其四十七至四十九歲的時候。

周星飛：活當然活得過的。這種「路」只有那一條，其他的路都是死路的。如果能修得好的話，六十四至七十三這十年是發光發亮的一代高僧。

玩轉地球：我倒不是怕死，而是這一生我得趁有生之年開悟修出去，才能乘願再來，否則直接下地獄了，哈哈，借周大師的吉言了。估計這會大家也明白，這個持戒怎麼看的了。

周星飛：疾厄、福德、遷移破的，影響最大的，是田宅大限跟官祿大限，所以，沒死保證後福可期，這個就是命理上的解釋。六道輪迴的思想，生命是不死的，靈魂一直存在，一環扣一環。

玩轉地球：佛菩薩加持吧，自己再好好的修一修。

周星飛：如果只是單星單宮論事，能論到這樣子嗎？持戒、餓肚子完全也論不出來的。本來理論架構就是一點一點的架構出來的，然後再連成線、面，再立體。所以我能說點、能說線、也能說面、說立體。

玩轉地球：梁派飛星的理論經過梁大師和周大師的努力，彌補了斗數的很多空白區域。因為有些理論在飛星的理論出來之前，別人根本不懂得論的。或者說，沒想過這樣的問題。周大師辛苦辛苦了。

周星飛：以上所說都會收集到書裡。

玩轉地球：好的，我先預定一本。

故事二：二〇一五年說明

地球老師的命盤，遷移和父母都見祿，而且父母有個天梁生年祿，想必他的口才是很好的。天梁祿最喜歡在遷移和父母宮，口才好。

田宅如果串聯天梁祿權科，比較容易住在有花花草草的地方，所以，天梁在父母、遷移、田宅有比較大的效用。

命祿入遷移，外在是圓融的。父母有祿容易聰明。跟長輩、國家有緣，容易受人提拔進入大公司。

他如果不做風水五術的命理老師的話，一樣可以在大公司、國企擔任高職。

第二個大限踏父母（聰明智慧形於外），甲廉貞祿破軍權入遷移，讓遷移宮的廉貞一祿破軍一祿，又逢破軍命祿，所以他的父親也是二祿一權的人，應該也是不錯的人物，想必他第二大限自己就出頭了，在外面呼風喚雨，因為他父親是不錯的人物（或他的公司或名聲）。再看少小限（夫妻宮），癸破軍祿，還是入遷移宮，想必他小時就已了了，保證在外面就聰明伶俐了。是容易談的對象，也是一個外形亮麗、能力強的美女。只要任何大限命宮祿權入遷移、父母宮，容易智慧變高，待人變圓融、有魄力。

第三大限命宮踏福德，宮乙天機祿天梁權入父母宮，逢生年壬天梁祿，很會講話，名聲響亮。

一旦第四大限命宮踏田宅宮，以丙廉貞忌入遷移宮就有問題了，遷移有廉貞忌了。田宅丙廉貞忌入遷移，不能太過出頭。廉貞忌，這個大限需要持咒修行，要收斂一點，不要那麼意氣風發了。不修行的話，家裡可能會出現很多事。廉貞忌比如說火災啊，血光啊等等。田宅忌入遷移（大限田宅），再轉己文曲忌入子女宮（大限遷移），都相應「田宅、遷移」的破了。疾厄（大限官祿）也庚天同忌入子女，福德也乙太陰忌入子女（教學可能挑學生），疾厄（大限官祿）、福德、田宅忌入子女（多忌），沖田宅（大限命宮），想必這個大限健康就有問題。所以這個小心，反正人總會有高低起伏嘛。叫你多修行就多修行，反正也不會如何啊。不修行的話想必問題會很多。田宅忌入福德，三方逢多忌，容易所謂的家道中落之象。

所以，我去年還是前年就跟他提過，他也說會努力修行，最近好像比較少露臉了。

再來看祿。田宅丙天同祿入子女，再轉壬武曲忌入夫妻，逢遷移（大限田宅）已武曲祿來會。表示他的家，他買房子會買得不錯，或者他自己會把風水整理得不錯，調得不錯。也可能他家裡到處置產，買了很多房子。或他買房子是很愉快的下手。遷移善於理解、學習，遷移與田宅交祿，房地產的處理方式是很不錯的。

任何宮位必然有交祿也交忌，交忌就是沒緣，交祿就是有緣。比如他的夫妻宮有好多忌呀，要嘛感情很多一把抓，要嘛通通不要，多忌入夫妻就會扭曲感情觀。沖官祿宮，工作不大穩定，風水都是接案式的工作，也可能自己不想那麼忙碌。還有一個問題，夫妻宮多忌，少小限不好帶，自己父母帶容易體弱多病，或認神明當義子。沖官祿宮（運氣位，流年命宮），今年運氣不大好要小心，可能會有些意外，需要多保守應對。

他的命盤風水緣分大概有幾個，所有的緣分可能有——

1. 命癸貪狼忌入夫妻，逢交友祿來會，他喜歡命理，就有人跟他討論命理。
2. 父母宮天梁生年祿，他聰明所以學什麼都快，只是剛好、湊巧去學了風水，所以成了風水師，不見得一定跟命理有關。如果他學其他的技藝，比如唱歌，也一樣唱得不錯，比如他去學口譯（天梁）、傳播公關或設計企劃（天機），可能很快嶄露頭角。同樣命盤的人不見得都是風水老師，只是他剛好湊巧去學了命理。

3. 父母宮有生年祿的人很聰明，口才好，頭腦轉得快，所以適合待在大公司、公關公司、國家機構。

4. 又看到夫妻宮忌多，如果在國企單位上班，保證上班只有泡茶、看報紙、上上網、喝咖啡、上廁所，因為工作不會太忙。

5. 這個就是要先從大方向下手，要背命盤，但命例只是其中一個答案。畢竟每個人的人生故事不同，但大方向絕對不會錯。

6. 像這種多忌沖流年命的，其實這一年理當都要保守。因為這個畢竟是流年遷移宮嘛，流年遷移宮多忌想必還是要保守的。走路都要小心點，容易摔倒啊意外多啊。

7. 所以有特殊專長的人大概都是這種父母、遷移、兄弟多祿的人，保證是一方之雄。當然有好有壞，只是他剛好湊巧去學了命理。同樣命盤的人不可能同是風水老師。

8. 命盤還是要了解它的方向、走勢。第一個，其實學習的重點是背命盤，因為它必然有它特殊的地方。把特殊的地方背起來，比如多忌的問題。

9. 疾厄忌入子女沖田宅（大限命宮）還會有健康問題，多留意。福德也忌入子女宮，這個大限精神、健康，還有家庭可能需要多留意。尤其是健康，因為疾厄庚天同忌入子女沖大限命宮，健康可能會有點走下坡。

10. 還有疾厄忌入子女沖田宅，叫做九忌入七，沖一，會把一沖得四分五裂，東一塊西一塊的。

是家庭四分五裂之象，家人各奔東西，各據一方，難得相見。

比如父母住北京，老婆和孩子住上海，沒說好不好，只是個現象。

當然有的散掉之後，就會有些破，有些落。我們只討論它的現象。

如果疾厄忌入子女，沖田宅，子女有生年忌，或田宅有生年忌，保證到老死都不相往來。

六、大陸的丁云浩老師，筆名：孤魂雲夢

故事一：崔家墳VS.丁家老莊（丁老師自己寫的故事）

如果說丁家老莊的驚悚恐怖不算什麼的話，那麼以下的事，就不能說不恐怖了。

應該從那丁家大院門前的崔家墳說起。

崔家墳究竟是什麼年代起就有的，已不可考，但本地姓崔的所有人都以崔家墳為祖墳，最老的墳，周圍方圓二十來里的龍脈全部彙集於崔家墳周圍，呈現環形相扣之狀，這個在風水中是離龍入首，羅城緊鎖，水口出於乾亥，田叔叔常常叫我背什麼口訣，離龍入首人丁旺，乾亥水出百萬莊等等，恰好用在崔家墳上不為過。

但崔家墳之來歷，大有來頭，聽父親說，當然父親也是聽某某老人說，或者某某老人又聽他的老人說，原來這個風水地，有一對陰陽珠，陽的是一個很大的圓石頭天然形成的，陰的就是一個圓形的土丘，像極了士兵的鋼盔帽子，而崔家墳就坐落在那個土珠上。後來「南蠻子」為了得到此地風水之寶，破壞了石珠子，就老人傳言，大凡上佳之風水寶地，必然是異地有異樣之寶貝，此地風水之寶，正藏在石珠子裡面。所謂的南蠻子就是當時南方的尋寶人，而其中的頭目往往是深通嫺熟陰陽五行八卦風水的術數高人。最終石珠子裡的寶貝被南蠻子所得，而破碎後的石頭整整壘了一條幾十米的河堰，可想石珠子有多大。

雖然崔家墳年代久遠，但究竟埋葬了多少人，也不知情，但絕對不是一個二個，應該是很多，不然就不會發生二伯說給我的親身經歷。

我二伯給崔家墳的鬼給欺負了。

二伯個子我感覺怎麼著也快一米八了，按照他年輕時的身材來說，身體壯得很，如今都是六十好幾的人，一樣可以挑起一五〇斤左右的東西，據說年輕時候能挑起三百斤重量的糧食走十幾里的山路。真不知道當時的人是怎麼做到的。一個冬天，我好奇的問二伯，這個世界有鬼嗎。二伯笑著說，有呀，怎麼沒有。

我說鬼應該是什麼樣子的，二伯笑著說看過骨頭架子沒有，我說看過。（我和爸爸曾經當過盜墓者，當然大家不要誤會，這裡不是寫鬼吹燈，我們也不是真正的盜墓者，是小學一年級，我家地頭犁地發現一個古墓，本來看看有什麼金元寶，結果挖出來二個粗糙的瓷罐，和幾枚黑黑的銅幣，後來我就用這個銅幣算了好幾年的六爻，再後來去年送給學生，當紀念品了）二伯說就是骷髏頭沒有下巴，一頭長毛。

我問起了原因。

那是一年冬天，天下著鵝毛大雪，二伯打算砍柴燒火，就近圖省事，直接上到崔家墳的土珠子上，砍了幾個小樹梢子，看看天慢慢的變黑，順著雪的亮，一深一淺的過了小溪往家回，因為崔家墳和我家的大門中間隔著一道溪澗。當夜二伯感覺身體有點不舒服，就往常來說應該沒什麼大問題的，於是打算烤火後，早點回屋子裡睡覺，不過這一睡不得了，一夜噩夢連連。

夢見崔家墳裡走出來好多骷髏鬼，沒有下巴，一頭長毛拉他出去，不由分說的拉到土珠子的地方，抓住他的四肢往天上拋，然後重重的摔下來。又拉他當鞦韆，鞦韆沒有平板坐，只有繩子，二伯坐在繩子上，二眼緊閉，雙手死死的抓著繩子，聽到那些骷髏說，看看他以後還老實不老實，敢來亂動斧子。就這樣折騰了一夜，第二天早飯奶奶叫二伯起來吃飯，楞是叫不醒，二伯已經發燒的說胡話，最後醒來好幾天，二伯才告訴大家怎麼回事。因為有狐仙、黃連樹那些事情在先，這個也沒什麼好奇怪的，奶奶又是一頓臭罵，慢慢的二伯的身體一天天好轉無大礙，不過這次輪到我爸爸了。

二伯的是冬天快過年的時候，而爸爸是大年初一。當時大年初一爸爸剛剛打開大門，對面崔家墳的方向吹過來一陣風，爸爸感覺有東西迷住了眼，但怎麼也弄不出來。用銀簪子撥，卻發現什麼都沒有，就這樣不管怎麼著都無濟於事，最後爸爸的眼睛一天比一天腫脹，一直腫脹到一個眼睛徹底的睜不開，哪怕是一條縫隙，吃藥也不管用，病急亂投醫。找神婆吧。

找到神婆，神婆念念有詞，經過燒香起表（起表，通常是二張黃表紙，同時燃燒，心中默念如果是有靈異作怪，請神明示，起的起來，落的落下，結果會出現一個很奇怪的結果，就是同時點燃的二張黃表紙，一張紙的紙灰會呼呼的往上飛，而另一張紋絲不動）。結果問我父親，我們家對面是不是一個圓形的土疙瘩，應該有墳墓。

爸爸愕然，對，那個就是崔家墳。而神婆說的答案，更讓人愕然。

是崔家墳的鬼，初一十五要練習射箭，大年初一正拿著我家大門的門環當靶子，碰巧我倒楣的老爸開門，箭頭正中眼睛。

最後經過神婆的禳解和爸爸去部隊做手術，終於把那個眼睛給治好了。究竟是神婆的禳解起了作用，還是部隊的醫療效果好，這個就不知道了，有些東西根本就沒有道理可講，偏偏讓人琢磨不透，也理解不了，解釋不了。

但從那之後，似乎住在丁家大院的人，都不太平了。

房子右邊有一棵很大核桃樹，每到月圓之夜，總會聽到呼呼的大風之聲，但院子的人知道根本沒有風，然後就聽到咯吱咯吱的聲音，突然咯吱猛的一聲，咔嚓，聽到大樹的幹枝被風刮折的聲音，然後摔在地上一聲響。再不就是大白天飛沙走礫，沒有風吹過，但坐在院子裡吃飯的人碗裡落了一層厚厚的灰塵。這些都不算什麼，最讓人受不了的是，隔三差五的老是從外面飛來磚頭、石頭、瓦片。方圓二百來米就我們這一家，絕對不是誰故意搗鬼來戲弄人的。更甚者，每每到了月黑頭天，對面的蓮花山上整個鬼哭狼嚎，狼嚎對父親以及家人來說無所謂，那個年代，本地的狼囂張得很，光天化日之下都敢跳到豬圈，把豬給背走。怎麼背不知道，但見過狼趕豬，一頭狼用嘴啃著豬耳朵，引導豬往狼窩裡去，另一頭狼啃著豬屁股上的尾巴，豬一疼，抓緊時間往狼窩裡跑，這個是二伯親眼所見，告訴我的。我問他為啥不把豬搶回來呢？二伯說不只二頭狼，對面是整整十多頭狼，自己是扳著梯子、趴著牆頭看的，所以狼嚎對於這家人來說司空見慣了，不過鬼哭，二伯和爸爸他們一提到這個，就臉色微變，不過事隔那麼久，也不是很恐怖了。爸爸給我講了，比狼嚎還難聽，不過俺沒體會過，也不知道。爸爸模仿的聲音和我空間裡的那個恐怖聲音很相似，說從離丁家老莊外溝二里的地方，「zHua」的一聲，拖著長腔，等到第二聲就感覺已經到了崔家墳的土珠子上，煞是嚇人。老爸說聽到第一聲就從院子往屋子裡跑，但還沒到屋門就感覺那聲音已經到了身後。後來一家人的晚飯都是在太陽沒下山之前就趕緊吃好，乖乖準備好夜壺，回屋子睡覺，誰也不敢半夜出去，一晚上過著風聲鶴唳草木皆兵的日子，在驚嚇中緊緊的裹著被子睡覺。這個家實在是住不得了，但蓋一個新房子在那個年頭不是說話的，何況我們家住的是青磚瓦房，當時別的房子都是茅草小屋，一家人委曲求全，能住一天是一天。

不過很快，除了我早亡的大伯沒機會見識這些恐怖怪異之事，我的三伯繼二伯、爸爸之後，也免不了雨露均沾，發生了驚悚事情。

故事二：與飛星派周師父的回憶（二〇一四年二月十五日）

很討厭梁氏飛星派紫微斗數，因為每一門學問都有源清流濁的現象，我認識其體系的時候，率先認識了它的濁，所以深惡痛絕，視其為斗數界的毒草，這種認知持續到我認識了飛星二代扛把子周星飛師父結束，在此之前，曾經寫文章批判過其體系。

但我從周師父的接觸中認識到飛星紫微有其我所不了解的真蘊，方才意識到飛星體系之源清，故而再次糾正我對飛星存在的偏見。

偏見由何而來？

對飛星四化最大得偏見在於側重用宮干四化，對流限方面於事無補。

四化分三層，時間、宮干、遁局能相得益彰為上策，飛星側重宮干則不免資訊重疊輪迴之弊。

飛星為上智所適，不利於初學速進。這點怕是我誤會最深的一點，周師父坦言學好飛星斗數需要三年，而我自信可以三天速進入門，而飛星之魅力亦在於此。

周師父為發揚斗數做出巨大貢獻，云夢在此澄清之前對飛星體系之評價不妥，希望大家引以為戒，學飛星者當勤勉奮進！

故事三：二〇一六年與丁老師談論陽宅風水之事，非常重要

周星飛：孤魂雲夢，你家的陽宅是不是準備要動什麼了？在正西方？文昌位？

孤魂雲夢：我在正西方打算加個推拉門，今年有超好的雷霆課，所以我去年裝修故意留

大陸的丁云浩老師(孤魂雲夢)

了正西方的門，今年再裝。

周星飛：這個位置，不好處理的，天機忌，文昌忌，武曲忌。

孤魂雲夢：也是我頭大的位置，廁所在那裡？商品房沒法改，硬傷。

周星飛：看看用子女宮，巳位，乙天機祿入官祿在轉壬武曲忌入父母，用巳位的祿，帶到子位，再轉到酉位，或者用戌位，福德庚武曲權去加強武曲自化祿，單用子位，或者亥位，會直接化忌入酉宮，直接傷父母疾厄一線。如果用擇日來看，只能用乙巳的子時？或是庚戌之日？我發現象忌轉忌，或者祿轉忌，這種複雜的流動，必須要配日時，才可以用，不能單獨存在，像福德庚戌以庚武曲權入父母，這種直接用庚日就可以了，不用再配合什麼時辰的。

孤魂雲夢：加個門，就會形成暗庫，或是用戌位福德庚武曲權去加強武曲自化祿，我把戌放進去了，去年戌月布的局。你說巳，是提醒我了，我在巳月放個蛇進去。

周星飛：那個巳位的祿轉忌，就像打撞球，二顆星進洞。

孤魂雲夢：巳加武，就是真武，我放真武，或者玄武，什麼都有了。

周星飛：應該是玄武，所以祿轉忌，忌轉忌，有點複雜了，招式就要多了，有點像連環招，才能打出大絕招，這個就是梁派的祿轉忌，逢祿來會，這種一祿加一祿＝二祿，當然還可以繼續往上加，再轉忌，攜二祿往下一個宮位而去，逢祿來會，就會得三祿。愈多祿就愈厲害。

孤魂雲夢：我計畫丙申、癸巳、庚寅、丁亥時。

周星飛，申巳寅亥？太歲頭上動土？我覺得還是緩一緩吧，動酉，留著尾巴就算了。

孤魂雲夢：嗯，不怕了，大修大發。不是太歲，尾巴要亥月了，加個門。

周星飛：小改一下就好了，壓著不動就算了，畢竟就命盤而言，不好處理，事倍功半。上面說的對你有幫助嗎？命盤裡有風水，有擇日。

孤魂雲夢：有呀，特別是玄武，斗數擇日非常厲害，可惜只能摸著石頭過河。

周星飛：隱惡揚善就好，動好的氣，把不好的氣壓著就好，完美的人事物太少，上面說的擇日方法，命盤上就有了，剩下的就是實戰而已，慢慢來吧，總有一天會突破的。

孤魂雲夢：我知道斗數擇日可以石破天驚，人家家傳，沒辦法，不外傳。

周星飛：我說啊，不就天干地支嗎？那有什麼好得意的。

孤魂雲夢：對啊，問題是這水太深。

周星飛：就祿轉忌，忌轉忌去想，你就會明白很多。你命盤，命宮戊天機忌入官祿，轉壬武曲忌入父母宮，田宅辛文昌忌入父母宮。你如果用申、子、亥就會影響到酉，人家不是說，申子辰，就是合嗎？不是說，申酉戌也是合嗎？但是在命盤上就是有問題。

孤魂雲夢：重用巳戌。

周星飛：巳+子戌，子是一個過客，或是像一個轉接站、反射鏡。

孤魂雲夢：那就只有律呂可用，我需要追加卯兔，才能配局。不然律呂合不齊。

周星飛：所以卯酉對沖，在八字上不能用，傳統的擇日法也不用。

孤魂雲夢：律呂不忌。

周星飛：申子辰，都說可以用，一用擇日保證出大問題。一樣的道理，房子就是有人合，有人不合，都是命的關係。再論，天機有個生年科，所以科就有緩發之象，必然子位上的東西有三，科是三，也是三個月，或是三年之類，所以未必要強發。

孤魂雲夢：那就是律呂。

周星飛：科只能緩忌的傷，但是權就是強發了。慢一點，福德庚武曲權入父母，這個就是強發之象。

孤魂雲夢：我放戌狗，半個月之內進了十多個。

周星飛：所以，我也認為這個酉位的處理，最好是打三年抗戰計畫，而不要一次到位。

孤魂雲夢：那我就留點尾巴活。

周星飛：畢竟，今年的流年命宮，直接忌轉忌入酉了，要在太歲頭上動土，我覺得不太明智，緩緩就好了。順天時，應人命，這個擇日也是你給我的啟發。上次看你的命盤，你用甲催財，就突然明白了，飛化（田宅宮辛巨門祿入夫妻宮，夫妻宮丙廉貞忌入子女宮，逢財帛宮甲廉貞祿入來會），辛亥配甲辰，田宅跟財帛交祿，所以你的陽宅風水能催財，但是我的陽宅風水就不能催財了。

孤魂雲夢：我修巳都會用甲，我的方便自己的房子，隨便修，樓房修起來諸多不便。

周星飛：每個人的命不同，你看你命盤是不是也這樣子？辛亥、丙午、乙巳、甲辰。

孤魂雲夢：我走乙巳。

周星飛：豈不是很爽，這樣子的擇日就合你所用，但未必能合別人用。趕緊熬過夫妻的生年丁巨門大限。還有巨門忌在午，直接沖鼠，所以在生肖姓名學上或是圖像上，也不能用鼠的事物，所以，也不能買社區是天子傳奇之類的名字，內含子，或是萬馬奔騰之類的，都不適合你用。

孤魂雲夢：怕老鼠，絕對不用老鼠。

周星飛：所以你把姓名學也加進來，就更加明白了。生肖姓名學，你只要了解哪些字能用，哪些字不能用就好了。

故事四：周星飛幫丁老師「紫占」，講孤魂雲夢最近運勢（二〇一四年十一月二十一日子時）

周星飛：生年甲太陽忌入官祿，命甲太陽忌入官祿，是工作很忙，有責任感之象。

孤魂雲夢：很對，最近正在忙工作。

周星飛：官祿雙忌，可能很忙很累之後，就會完全不想工作之象，會扭曲對工作的態度，不是極累，就是極閒之象。

孤魂雲夢：三天能做完（半個月）。

周星飛：所以，這個做完，可能就休息一陣子。沖夫妻——

1. 就不太想理老婆。

2. 會瘦少吃。

3. 感情上也不想太複雜，越單純越好。

幫丁老師紫占最近運勢

紫微 七殺 己巳 疾厄宮	庚午 財帛宮	辛未 子女宮	壬申 夫妻宮
忌← 天機 天梁 文曲 戊辰 遷移宮	紫占時辰 陽曆：2014年11月21日子時 陰曆：甲年年閏九月廿九日子時		廉貞 破軍 祿 權（圈） 祿 權（框） 癸酉 兄弟宮 →祿
天相 丁卯 交友宮	男命		文昌 甲戌 6 - 15 命宮
太陽 巨門 右弼 忌（圈） 忌（框） 丙寅 官祿宮	武曲 貪狼 科（圈） 科（框） 丁丑 田宅宮	天同 太陰 左輔 丙子 26 - 35 福德宮 ↓祿	天府 乙亥 16 - 25 父母宮

再轉丙廉貞忌入兄弟，想創業，做大事，而且抓廉貞祿，也容易是發偏財之象，大發。沖交友，獨立作業，或是跟朋友少來往之象。

孤魂雲夢：老婆懷孕分居狀態，前二天禁食，工作一堆，能拖就拖，有的直接拒絕了，感情上最近粗線條，打遊戲。

周星飛：像這種占的用法，也是當下命主的運勢。

孤魂雲夢：發了點外財，政協主席，送個古董香爐。

周星飛：如果以這張命盤來說，很像馬雲的命盤，所以丁老師最近也是財富大增長。

孤魂雲夢：出去玩，無意間知道我過去，就約了飯局，我退掉了，晚上到賓館找我，帶了香爐，最近偏財不錯，多是人送東西。

周星飛：運勢來說，財富很旺，因為這個命盤就是強發之象而且兄弟多廉貞祿破軍權，轉癸貪狼忌入田宅，逢遷移戊貪狼祿來會，更是才華高、財富增長橫發之象。所以丁老師也可能會創業，開風水公司？

孤魂雲夢：這個想法倒是沒有，懶惰，風水上。最近有人送了四套秘本過來，今天剛收到。

周星飛：福德有天同自化祿，當然是樂觀之人，不增長財富，也是增長才藝，才華跟財富同論。那農曆十月踏子女，正式貪狼多祿入田宅，照子女之象。

1. 才華增長之象，像火箭升空一樣。
2. 財富增長也是一樣的，而且有遷移戊貪狼祿入田宅，還有迎神之象，請神入家裡之象。難道把神仙請來家裡坐了？

孤魂雲夢：昨晚還尋思要請一個大一點的趙公明。

周星飛：是，因為滿盤偏財星，當然是請財神。

孤魂雲夢：前不久，甲午乙亥乙酉庚辰，這個時間不錯，我把五路財神換了地方，從屋裡放到客廳了。然後財運就最近一段時間，還不錯。

周星飛：而且還見武曲科？難道有六人？武曲科是三，雙科可能就是六？六人財神？

孤魂雲夢：但家裡財神多，不止五個，四個關公，五路財神，一個大黑天，一個文財神比干。大家能接受的財神有十一個，有大有小。

周星飛：所以滿盤偏財星，入兄弟，入田宅，都是錢。

農曆十一月踏夫妻，交友以丁巨門忌入官祿，沖夫妻——

1. 可能農曆十一月有些是非上門。工作上的問題。

2. 也可能有些人，來找你做些暗界的事，巨門忌，太陽忌，不見天日的。

孤魂雲夢：嗯，這種能推就推了。

周星飛：或是來找你弄些不是正常行業的風水，然後田宅也還是丁巨門忌入官祿，沖夫妻，這個就要小心一點，是不是家的風水有點問題，影響到老婆的狀況。

孤魂雲夢：這個是很早之前就定下來的，然後我因為老婆懷孕推了，對方不死心，還想請我破例，不搞了，定的就是十一月。春天定好的事，夏天老婆懷孕了，我告訴對方不做了。今天給我電話，我沒接。

周星飛：所以十一月沖老婆很嚴重，老婆的問題就多點，要留意的。

孤魂雲夢：嗯，懷孕之後，光拒絕出去的單子，有十萬。人比錢重要。

周星飛：不過，子女辛巨門祿太陽權入官祿，照夫妻？難道，還沒出生的兒子，就照顧媽媽了？有事，兒子擋？

孤魂雲夢：這個照顧是這樣子，老婆賭博，一改往日頹廢，三個月到現在差不多贏了一萬多，小賭。這個兒子是靠風水催生的，地很旺，正月做的地，巳月又催了一下丁，午月有孕。

周星飛：而且，這麼多祿入田宅，照子女。你這個小孩，不知道是那個有錢的神明下來的，投到你家。以子女立太極，福德有廉貞祿，破軍祿，以癸貪狼忌入田宅，逢子女戊貪狼祿來會，這個絕對是修行人的飛化，而且是很高級的。又交祿在田宅，更可以證明是財神級的。不過呢？這個小孩健康狀況有問題，心臟病大概是跑不掉的。

孤魂雲夢：估計是遺傳了我爸爸心臟不好，輪到我心率不整。

周星飛：串聯巨門忌，文昌忌血管，太陽忌+巨門忌心臟病，所以，你兒子踏夫妻宮的時候，可能會挨一刀，就是猴年，多忌沖夫妻。

孤魂雲夢：注意了，明年開始，我連續三年，流年子女忌。

周星飛：官祿是子女的疾厄，有太陽雙忌，所以小孩的健康也是問題多多。

故事五：丁老師說明陽宅風水的案例（二〇一四年案例）

孤魂雲夢：周師父，了解過八宅嗎？裡面有大道理，先天八卦，後天八卦搞熟悉。記住，方位，對應，人事物。這個讓我看，當時羅盤都沒拿，進屋就說，要打官司了，結果正在打，而且車被公家扣了，這個形成了馬星高樓逼壓，犯官非。

高樓在正南，今年午年，午午自刑了，刑為官非。這種火星煞也形成了，所以你說火旺，有原因，最大的原因是高樓比壓。這個是重點。

那個點是落井下石，這種局無解，說化解都是騙人的，建議搬走。就像人得了癌症，並且是救治不好的，還建議人家化療一樣，一邊謀財，一邊害命。倒楣人自然住進來，你不用擔心這種別墅沒有人住。

所以很多看風水的，說化解就好了，拿人錢不辦事，還有一個大師，要了人家三萬，說其他都能化解，就是避免不了酉年家裡死人，你見過這樣的嗎？人家拿三萬，乾脆酉年出去租房子好了。跟病是一樣的。有的病能治，有的不能治。但風水師過去一說化解不了，這個錢也不好意思拿啊，就是給你打安慰針，說能化解，最後你出事！還是各人有各人命吧！

故事六

丁老師的五術天分很好，他也是我見過幾個厲害的斗數老師，看他的命盤一樣也是這種，也是很標準的命疾厄福德子女交貪狼祿忌的命盤，很標準學習五術的命盤。不過他是命戊貪狼祿入子女，轉乙太陰忌入財帛。先祿入子女，再轉忌入財帛、逢兄弟丁太陰祿來會。跟陳義承老師的就有同有異了。不過畢竟財帛太陰祿也是很多祿，所以賺錢也很多的。而且他也會用風水催財。田宅辛巨門祿入夫妻，再轉丙廉貞忌入財帛，逢財帛甲廉貞祿來會。田宅的祿也是陽宅風水的代表，所以丁老師說老婆是催來的，小孩是催來的，錢也是催來的。田宅的祿轉忌，逢祿，所有的相關宮位都可能跟風水有關。每一個老師都有不一樣的飛化，各有各的風格跟樣子。所以，如果拿到命盤都能判斷這個人的斤兩，那就厲害了。

七、東南亞的依婷老師

東南亞，依婷老師的命盤

↑科 ↑忌（辛未宮）；↙權（丙寅宮）

天相 己巳 官祿宮	天梁 左輔 庚午 交友宮	廉貞（祿） 七殺 文昌 文曲 辛未 遷移宮	右弼 壬申 疾厄宮 33歲
巨門（忌） 戊辰 田宅宮	甲子年 女命		癸酉 財帛宮
紫微 貪狼 丁卯 福德宮			天同（權） 甲戌 32 - 41 子女宮
天機（科） 太陰（祿） 丙寅 父母宮	天府 丁丑 2 - 11 命宮	太陽（忌） 丙子 12 - 21 兄弟宮	武曲（科） 破軍（權） 乙亥 22 - 31 夫妻宮

周星飛：父母宮有太陰命祿、福德祿、天機命科福德科，天機自化權，像這種都是聰明之象。父母宮有祿，聰明美麗之象，表演能力強，很適合上臺演出的公關型。遷移宮有個生年甲廉貞祿，這種也是出了社會圓融，交際手腕都不錯的，也很適合作活動主持人之類。所以，遷移父母見祿的人，很適合占版面，上臺容易是鎂光燈的焦點，像這樣子的飛化，父母宮有祿，聰明、ＩＱ強、遷移宮見祿理解能力強、ＥＱ高，所以很會舉一反十，聽了一個就會融合進去他自己的思考了。這種人學習力超強，也很容易得長輩的歡心。以斗數來說，很適合學習百家而融合成她自己的一派。

聊天過程（二〇一五年命例）

依婷：二〇一三年之前，我都是用這個，因為這兩年覺得需不需要驗證另一個真太陽時的盤，所以驗證了一段時間，最後覺得還是天府這個。

周星飛：比如說生年甲太陽忌入兄弟，說妳這個人想創業，沖交友，對人就分三六九等而交往，再轉丙廉貞忌入遷移，妳也會有正直的個性。廉貞忌入遷移，就會有持戒嚴謹之象，又看到一個生年甲廉貞祿入遷移，這個也說，妳也是有圓融的個性。

依婷：我是長期自由工作者，上班的日子加起來不到十分之一。主要是我有寫網誌的習慣，算是擅長表現的個性。是有持戒的。

周星飛：廉貞祿入遷移，會帶點桃花色，又看到遷移辛文昌自化忌，這個也說對於待人處世其實不那麼上心，隨緣就好，有不管他人瓦上霜之象。

依婷：這是對的，所以我在群組聊天比較少，因為對人不太積極。

周星飛：命福德以丁巨門忌入田宅，說妳很顧家，沖子女，就跟學生、六親少往來。

依婷：是，這是我長期選擇自己工作的原因之一。

周星飛：所以，妳一忌入兄弟，二忌入田宅，這個就說妳是一個隱私感很重的人，也說妳對物質的守成很高，比較私心重一點。

依婷：對。

周星飛：命福德以丁巨門忌入田宅，再轉戊天機忌入父母，妳愛讀書，也會個性急躁，巨門忌，也會有讀雜書、鬼吹燈之類的書。沖疾厄，工作就不穩定，跑來跑去之象，然後這個也說，妳本來是一個顧家的人，但是妳家的門風，教妳要孝順長輩、要忠孝節義。

依婷：這是正確的，我不是那種喜歡張揚自己的人。老師，我買了你的書給你一個支持。對的，我不只是對自己家裡長輩這樣，我對你這種前輩也懷抱恭敬之心。

周星飛：比如說今年踏遷移辛巨門祿入田宅，逢命福德丁巨門忌，這個會想買房子，然後有機會買到，也可能有什麼撿便宜的好事。財帛以癸巨門權入田宅，妳賺了錢就會加重買房子的機會，再轉戊天機忌入父母，逢夫妻乙天機祿來會，這個還可能會因為感情而有多房產。夫妻祿入父母還有高攀之象，所以妳的房子緣很多的。遷移而來的常常屬不預期的機會、容易的機會。

依婷：是遇到機會，不過不成，房子便宜，屋主沒有進一步反應。高攀沒有，我是離異的，離婚是前夫有好賭的問題，然後為了前夫，也花了不少錢。我房產沒有，不過是有奇怪的際遇，就是從小到大，人人喜歡送我東西。

周星飛：田宅巨門忌，轉忌入父母，所以因為家裡的事還可能鬧上法院、官司。

依婷：官非離婚，二〇一〇年離婚，搬家兩次。

周星飛：夫妻跟遷移交祿了，妳的感情緣還是很多的。妳的命理緣就在命福德丁巨門忌入田，逢遷移辛巨門祿，財帛癸巨門權在巨門之上，還有雜學之象。各家各派都學，山醫命相卜也都會學一點。

依婷：感情上的對待，我是屬於重情類型，對一個人深愛到底，給予一切的那種。所以目前也就兩段感情。我福德宮桃花很重，因此在情感上，會比較深邃，不屬於多情。

周星飛：比如說，財帛癸貪狼忌入福德，妳可能喜歡把錢花在貪狼忌之上或是賺錢，是看老娘高興的。再轉丁巨門忌入田宅，也是賺錢就收藏起來，還是屬私心重一點點之象。

依婷：我的紫微是小學時，母親教的，算是來自家庭的學術啟蒙嗎？這是個驗證。

周星飛：是，田宅戊貪狼祿入福德，這個當然是有家學的。財帛以癸貪狼忌入福德，這個賺錢可以靠家學，所以就是標準的「祿隨忌走」。

依婷：關於雜學，是的，特別會偏重醫。比如，我看紫微，會用精油去給命主調整身體荷爾蒙反應。這是雜學範疇。

周星飛：田宅串聯巨門忌、太陰忌、天機忌、貪狼忌，這個似乎家裡會擺放很多奇怪的東西、死人骨頭、古董，或是家外面就容易有這些怪東西，如果有修行的話，很容易跟鬼道眾生結緣的。

依婷：我小時候是見過鬼，我家神座也比較特別。土地公公的位置擺滿了水晶，我爸的珍藏，上面是觀音，下面是水晶，各種各樣的滿滿。老師很對呀，我接觸命理這段時間，是遇到不少奇人奇事。

周星飛：不過已知丁巨門忌入田宅，這個就會把業力帶到家裡的，今年遷移辛巨門祿入田宅，也可能會得解。比如說作法會超度這些業力，或是讀經迴向也行，總是可以讓巨門忌得巨門祿的解決。

依婷：業力困擾，早年懷疑過的。我在二〇一一年，一度高峰期看盤。二〇一二到二〇一三是長期看醫生。二〇一一年開始，看盤產生了頭快裂開的疼痛。好似大量吸收命主業障吧。所以，二〇一二和二〇一三封盤兩年。

周星飛：業力是一個，還一個沾惹到動物仙，貪狼忌巨門忌，妳最好遇鬼神的事要小心一點，尤其是狐仙馬仙之類。忌入福德又忌入田宅，會影響精神跟家庭，沖子女，連帶婦科都會長腫瘤。

依婷：二〇一一年我一度迷戀上佛家本源瑜伽，修五蘊神通。因為那年遇到了一個有神通的高人，一度的貪心，也想效仿。多囊卵巢綜合征唄，二〇一二和二〇一三看醫生就是為了這問題，二〇一二身體最差。所以因為恐懼而封盤。

周星飛：巨門忌就是怪病，只有西藥有用，因為西藥是巨門忌，也是毒藥的一種。所以打什麼類固醇之類的，都很正常。

依婷：是沒吃藥，我遇到很好的醫生，醫生叫我不要吃藥，說不是疾病，體質問題。只是建議我戒糖。老師呀，我是有個奇怪現象，想問問你。就是我去看醫生，醫生常不收我錢。我鞋子在修鞋匠的面前剛剛好壞，我身邊的物質，從小到大都是很多人送的。我上個月去檢查車子，那個人也不收我錢。

周星飛：我說不是體質，卡動物仙陰的問題。遷移宮有生年甲廉貞祿，總是會撒嬌。

依婷：我帶我女兒去看醫生，醫生也不收我錢這種怪現象可以從命盤看出來嗎？二〇一二我去看醫生，醫生一粒藥都不開給我，不賣我藥。

周星飛：還有命福德丁太陰祿入父母，這個也是聰明好看之象，再轉丙廉貞忌入遷移，造成父母太陰二祿，廉貞至少四祿在遷移，所以妳的外緣很好，很適合作業務、上臺的老師、廣告公司等外顯很強的工作。主要太陰祿串廉貞祿，這種是大桃花的組合，保證長得絕對好看，所以妳的長相有過人之處，言談也有過人之處。遷移父母見多祿。

依婷：我當老師，當過八年，我開過補習中心，學生很多。左右也夾遷移呀。言談吧，長相方面，有人說我長得比較雜種。

周星飛：外緣非常好，無法想像，有圖為證！

依婷：奶奶是娘惹人的關係，會有一點混血的感覺，會有混血感嗎？

周星飛：我也是混血的，大陸混台灣的。

依婷：我上次去中國，他們說我像維族人。我看這個盤呀，就覺得是形象類型。我是不是臭美了。

周星飛：嗯，還可以，所以妳外顯很強的，逢子女甲廉貞祿入遷移，所以學生緣也很多。

依婷：是。之前開補習班，是到喊停止招收的境界，不過因而搶了別人的學生吧，流失過來我的班，後來也惹過官非。教育局上門，叫我停辦。

周星飛：而且學生都很優秀，子女祿入遷移，都是讚的。不過子女甲太陽忌入兄弟，再轉丙廉貞忌入遷移，所以學生裡也有爛的。所以讚的很好，爛的很壞。不過還是遷移父母多祿外顯很強的，小心賺錢卡陰、官非而已。

依婷：我善於教學，怎麼說都是當了八年的老師。我奶奶一人是娘惹人其他公公、外公、外婆都不是娘惹人。是卡陰了不少次。

周星飛：所以妳今年也可能會請神明入田宅的巨門祿，是護法，大概農歷三月，就是二個月前。

依婷：暫時沒有，因為我是和父母一起住，沒去弄家裡神座的事。這家不是我說了算，而且今年很忙碌。

周星飛：請神之事不一定有形象。也許請一本書、一個羅盤。

依婷：是有。我知道是什麼了，就我姑姑給我說了一個「妙法蓮花經」，大概是那個時候開始念了，不過不頻密。不是形象的，是。這個老師你很贊哦。

周星飛：這個就是我說的「巨門祿解巨門忌」，迴向給「巨門忌」的眾生。

依婷：連這個也知道。

周星飛：我是通靈？還是算命？命盤都有規則，也有軌跡、有因果。

妳記得二〇一一那時候有人求算鬼神的事嗎？妳建議了什麼？

依婷：記得。因為這幾年連續記錄自己的命盤。有個乩童找過我，我說我不會看乩童的命，不過也看了這個盤。

周星飛：可別建議說滅了或是丟了。

依婷：這事是這樣的。有個少女，她就不是很情願的情況下，有了這種乩童的能力，妨礙到她要上大學的事。這種乩童的事，你應該知道，就那種被選中的。她找我看盤，問我，她可以不要再當乩童嗎？後來，應該是功力不足的問題吧，她的盤，我看不準，徹底的看不準，很多事沒對上。後來我就說，有可能這乩童的命，本身是有守護神吧，所以我無法看，不是我研究的範圍，所以不給任何建議，就是她不要當乩童了。

周星飛：「就是她不要當乩童了」═＞最後的建議？

依婷：不是，我給她說的是，她因為這事來問我。她說，整個乩童給人看命的過程，她沒有意識，她也不喜歡那種感覺，她想當正常人，要上大學。

周星飛：妳有說「不要」這二字？

依婷：沒有啊，因為我是真的不會看她的盤。

周星飛：這種鬼神的事不要建議，只要說明清楚即可，緣分由命主自定。

依婷：我就說，我看不準，就不看。我也問了她，為啥不自己問一下這個神明呢？她說，她在被控制的時候，無法和這個身體有任何精神上溝通，好像整個意識被驅逐出來，所以是無法溝通的。她來問我，能不能停止這種日子，她還是個少女，我的建議是她自己去找自己的這個神明溝通。算是犯規嗎？

周星飛：不算。如果講「要、不要」就算犯規。

依婷：不過，老師呀，這個你是如何看的呢？那年我還遇到了一個奇人，叫我不要再看盤。我的看盤模式有一種慣性，不是太好的方法，就是我能模擬命主到整個人變成他。包括那時候我看了一些盤，當天就會有這個命主的習性，因此有很高的精準度，特別是談心的這一塊。不過我是聽說過，這方法不合適。

周星飛：嗯，近於通靈。

依婷：因為會過度傷元神，之後我的健康就出問題，頭痛得好像要裂開一樣，非常痛苦，因此停盤。

周星飛：這樣子是把妳的靈打開讓鬼神進來。如果是神還好，是鬼就慘了。那妳就是被貪狼忌巨門忌的影響了是動物仙的問題。

依婷：我之前是用這種模式看的。因為我福德宮是比較重於感情，所以我很容易就可以模擬到命主，接著再看盤，就好像開了天眼一樣一眼就透現。現在不敢了，這方式會造成很嚴重的身體傷害。現在是純字面性解析，不再這樣做了。

周星飛：我基本上是很紮實的命理基礎，不靠這種通靈的方法。所以這種靈的問題比較不會發生，當然如果沒辦法的話，就多持戒念經請護法幫忙。

依婷：體質也應該有影響，因為我小時候確實是可以看見那些東西，所以我遇到不少這種奇人奇事。邪乎邪乎的事呀。

周星飛：比如說妳的父母遷移見太陰祿、廉貞祿，那借盤看爺爺，是兄弟宮見太陰祿，所以妳爺爺是很有成就的人？那借盤看家族的人，遷移是田宅的田宅有廉貞祿？難道妳家也是生意人很多？

依婷：我爺爺不是。我家族不是那種顯赫家族，三代漁夫到我的父親。

周星飛：感謝妳的回饋。

依婷：謝謝老師的解析，我能夠更肯定就是這個盤，因為細節是比較難看到的。

周星飛：不過今年應該還是會收很多學生的，妳就好好的加油吧。

依婷：今年也算是精進之年，我也學了不少，還買了老師的書。老師呀，問你最後一個問題，以你和我聊的過程中，我有可能是羊陀夾忌、巨門太陽祿存嗎？我應該是屬於天府那種圓滑性，對嗎？

周星飛：不是我的看法。圓融在父母遷移見祿、天府入命的特點，我認為太籠統。

依婷：嗯嗯，我是覺得，羊陀夾忌，巨日，說話應該會比較帶有攻擊性吧。所以我之前也一直在疑惑這個真太陽時的盤。

周星飛：攻擊？因為父母遷移也有忌所以具有攻擊性，或是當宅女。

依婷：如果要以第一大限當標準的話，我是那種放學回家，書包往家裡丟，就出去朋友家玩。中學是那種露營的狂熱者，不過這幾年就比較宅了。

周星飛：象義都會發生的，只是什麼時間發生。比如說今年農歷二月還是踏財帛以癸貪狼忌入福德，再轉丁巨門忌入田宅。

1. 也可能會買很多「書」。

2. 也可能賺很多錢。

3. 更可能算命的過程，又遇到鬼神的事。

依婷：那是對的，今年買了很多書，還因此添了個書櫥。今年沒有遇到，不過是有一段時間研究會遇到靈異事件的盤。

周星飛：嗯，所以象義都會發生的，只是會不會解釋象義而已。

八、綜合而論以上各位老師

七位紫微斗數老師的不同特點組合。

1. 一種是遷移和父母見祿，融合百家各派，學習能力超強，聰明理解力強、應變能力強，舉一能反三，過目而不忘。依婷和地球老師都是。虛晴占一半，父母宮生年戊貪狼祿，但是遷移沒有祿。梁若瑜老師占一半，父母宮有生年辛巨門祿。

2. 遷移化戊貪狼祿，或是交友戊貪狼祿＋遷移已貪狼權的，都容易有五術的才華。梁若瑜老師、虛晴都是。

3. 命、疾厄、福德、子女交貪狼祿忌，很標準的學習五術的命盤．陳義承老師和丁老師都是。周星飛老師也是，福德戊貪狼祿入子女。

4. 另一種是福德的忌偏執、細心、挑剔、偏執，挖礦一樣的學習精神。周星飛老師的福德戊天機忌入官祿，陳義承老師的福德庚天同忌入子女。

5. 比較紮實的學習要有忌，父母宮有忌這種人就比較愛讀書，不過不太會應變。梁若瑜老師，父母宮有生年辛文昌忌，再轉癸貪狼忌入命，讀書非常紮實，特別愛讀書。不過，逢遷移戊貪狼祿，有好機會讓他學到貪狼祿，遷移的祿還是應變能力強。所以，人生經歷多了，斗數就愈強了。但是，遷移的武曲命忌和父母的辛文昌忌，造成梁老師的老師緣不厚，

IQ、EQ都有受限，不能融合百家各派。

6. 陳義承老師，命以戊天機忌入父母，都是愛讀書之象。依婷老師也有，命福德丁巨門忌入田宅，再轉戊天機忌入父母，父母也有「雙忌」，所以也是有愛讀書個性。

7. 七位老師裡面最會說的人是遷移、父母串聯天梁的人，其次是巨門祿的人。

（1）地球老師父母宮坐生年壬天梁祿。

（2）陳義承老師是遷移壬天梁祿入兄弟，再轉丁巨門忌入子女，逢生年辛巨門祿，交友辛巨門祿來會。天梁祿＋巨門祿是更會說之象。丁老師遷移也是壬天梁祿入命。

（3）第一會說是陳義承老師，第二會說的是地球老師，再來是丁老師。

（4）生年辛巨門祿在父母，梁若瑜老師也很會說的。又逢遷移的戊貪狼祿來會，這個會愈來愈能說。虛晴，生年戊貪狼祿入父母，也是善於學習跟表現。

（5）周星飛老師，生年辛巨門祿入夫妻，再轉甲太陽忌入遷移，逢遷移庚太陽祿來會。這種生年辛巨門祿跟遷移交祿的，也都是善說的。

（6）依婷老師很有才藝的。命福德丁太陰祿入父母，再轉丙廉貞忌入遷移，又逢生年甲廉貞祿，子女宮也是甲廉貞祿來會。這個遷移父母超多祿的，說唱俱佳。太陰、廉貞祿，不如巨門祿天梁祿的能說，但是也有才華，可以表演、跳舞、唱歌都很厲害的。

（7）七個人裡，每個都有正直、直率的個性。

父母、遷移見忌，第一直是梁若瑜老師，父母宮遷移都見忌。第二直，陳義承老師，命戊天機忌入父母。

另一種直率的，是遷移忌入父母、交友、子女，土包子宅男、宅女的直，不會看人臉色的直。周星飛、丁老師、虛晴都是。

那依婷老師的直，是隱藏在祿之下的忌。因為依婷老師生年祿、命祿都在「遷移父母」，這個第一的好印象，好像很圓融。不過命忌、生年忌，再轉忌的時候，就會忌入父母、遷移，所以也是父母、遷移都有忌，是「圓融於外，正直在裡面」。

地球老師是裡面最圓融。畢竟父母只有一個「天機」可以化忌，遷移只有一個「廉貞」，可以忌的力量最少。

（8）原則上，祿權入父母、遷移之類的偏向名氣，走名這方面的。祿權入兄弟、遷移財帛田宅之類的偏向利方面，可以拿來賺錢的。不同的人有不同的人生觀，不同的人生方向。

（9）如果田宅、兄弟、財帛裡的星比較多，大概這人的人生偏向利，以賺錢為主。如果交友三方，父母交友子女的星比較多，大概這個人重名。名跟利的關係，名利雙收是永遠聊不完的話題。看盤的重點以生年忌、命忌為重。

了解多位紫微斗數老師的命例，有助於明白「斗數的天分如何看」。很不錯的學習目的。

第六篇

後續篇

一、害死人的易學老師

對我來說，教了快十年的網路免費教學，也該有些收成了。我的認知是：斗數是「修道」，但不是「賺錢之道」，正骨、按摩才是賺錢之道。正骨、按摩做得好、賺得多，也是合情合理。算命算得好，拿多也是麻煩，總是有點趁人之危。而且來算的多是煩惱之人，有時候算不準被罵，而且常常花一次錢就好像要終身保固一樣，弄得雙方都不高興，所以算命這種錢難賺。

從來我也不會想算命賺錢，也是這道理。賺這種錢，如果不裝神弄鬼也撈不到，裝神弄鬼又埋沒良心，更可能造太多惡業，後果不堪設想。

我打算用「按摩、正骨」來收學生，學生一方面先有錢賺，能溫飽肚子，一方面想學五術，就有錢可以去學習，這樣子才是正道。而不是直接教算命，讓他們直接走入這個行業。一堆老師在台灣，或是大陸教學收學生，都是教學生學算命學風水來賺錢，以這種模式在運作。學生也是要生活的，學了算命、風水之後，就要馬上開業？有幾個學生能辦得到？這樣的老師正是害死人的老師，把學生餓死自己吃飽了，根本沒有為自己、為學生作長遠的打算。都是看似風光的老師，後面跟著一堆吃不飽準備餓死的學生，時間一到，學生撐不住的就會離開了，不然就是學生開始「亂搞」，不會算命、風水的硬著上，亂說，亂收錢，這個就是一般算命老師的運作模式——把學生害死的模式。希望易學先進老師們仔細思考。

二、你是不是「教人唬弄的老師」？

路人甲：難怪當今易學界新奇門派多多，相互排斥。我想還是屏棄各自的不足，吸收他人長處來彌補自己的短處，這樣不管是交流還是對自己今後的學易基礎提升，也許能起點相助作用。各家各派都有自己的秘訣和特長，要是執意排斥話，我想其人水準高低暫時不論，其易德想高尚是很難的。

路人乙：雖說江湖愛新奇，不過將古時江湖（易理）深入分析，其宗旨還是易德為首。

周星飛：同一個老師教出來的學生，也不見得品德、技術都一樣的。難啦，面對生活的壓力，多數人會選擇錢的。

路人甲：諸位說得極是，這只是水準不一樣，沒那個老師要求學員去唬弄矇人吧。

周星飛：有啊，好多這種老師的。學三個月就能出師。有這種老師吧！放眼紫微八字風水圈裡，打著這種口號招生的還不少，這個不是要求學生去唬弄嗎？

所以，當老師的，自己先擺正心態吧。

路人甲：老師的作用並非是單一的授人知識，更需要以自己的言行來帶動，潛移默化學員。

周星飛：嗯，說得也是沒錯啦。只是老師教學，收費幾萬、幾十萬的，算命一個人幾千的。學生看在眼裡怎麼想？所以，我覺得學易先學德，真是理想狀態啦。老師都向錢看了，學生會向後看？

三、你是命理師，還是佛師？道師？

學生Ｌ：上次師父講的紫占我聽不懂，這次我要努力跟上。

周星飛：聽不懂，不是聽不懂，是不會。

學生Ｌ：師父不要這麼直接，我最近狠命看了幾天書。

周星飛：一定要抄的，看是沒有什麼用的，真的。不管是那一種八字斗數鐵板，其實都不太好學的。

看了太多的所謂「命理師」，講沒二句命理，就講到「佛理」、「道理」，就搬出佛教的理論，或是那個佛菩薩、那個神明講的話。不然，就是講沒二句命理，就要你花錢改命、改運、改名字、買改運商品了。所以，看來看去，所謂真正的命理師，一千個找不到一個。九百九十九個都是佛師或是道師。勸人為善為主，不是算命為主的。

學命理的目的，就是要把命算對啊。並不是勸人為善不重要，而是先把命算對了，再來勸人為善，這個才是「命理師」。

四、斗數故事：是中猴？還是神明上身乎?!

最近，接觸到好多神明的事。像有個朋友，帶去一個佛堂，本來是要問事了，結果當天是一貫道的入道儀式，就寫了報名表，就跪了，叩首了，就拿到「入道證」。然後，又到山上去找個世外高人老師，幫老師按摩推拿正骨。然後，也問了些不是人間的事情。所以，這個月真是跟神明、宗教有緣啊！

常常看到有人會卡陰或是神明附體。其實，在命盤上也看得出來的。通常，通靈在福德宮，在阿賴耶識之上。福德宮有忌，容易卡陰，跟「忌」「寒」「孤」「偏執」有緣。鬼道上身。

福德宮有權，容易自大，自信過頭，高傲、暴力，阿修羅上身。

福德宮有祿，容易「懶」「樂觀」「隨緣」，神明上身。

福德宮有科，容易「拖拖拉拉」，提不起，放不下，有禮貌。也是神明上身。

我呢？這個月踏福德，遷移以庚太陽祿入福德。這個也是懶，也是神明照顧之象。反之，如果是「遷移忌入福德」之人，就要小心，別通靈了，通來通去，就容易中猴、卡陰了。

頂禮希夷先生紫微斗數之大智慧。

五、斗數故事：就是那道光?! 人的身上有光?!

今年年中的時候，有一個女學生從遠方來找我學習命理，我從命盤上就知道，她是阿修羅個性的一個人，愛恨分明，當然也大概知道，她會有點通靈的。她說她的靈力很強，強到可以控制一個人的行為。然後她就告訴我，比如，佛的頭上有光圈，佛是黃金色的，她是「青紫色的光圈」。我從她的命盤上，找出可能相關的解釋，然後放在心裡面先記著，有這麼一個命理，可以看一個人身上的光圈。

前一陣，我遇到一個師姊。在Line上面問事。我也沒看到命盤，就以當下問事的時辰，排了一個命盤，開始「紫占」了，一樣把她的事斷得八九不離十。然後，我突然想起上面「那個光」的命理，我看了一下，就說「妳身上帶有紫光」，她問「真的嗎」？然後她就說了，她從小只要眼睛一閉上，打坐或是睡覺，就會覺得周遭都是紫光包圍。她也讚嘆，紫微斗數不可思議啊！

所以，人身上有光嗎？我想以肉眼是看不到的，但是在命盤上，或許可以看得出來吧。命盤上可以看出來太多不可思議的事，我還在繼續鑽研當中。

周星飛真是神經病一個，每次盡講些「烏魯木齊、怪力亂神」的東西。反正，演戲的是瘋子，看戲的是傻子。各位，「聽聽就好」別當太真了！一切如同廣告說的：就是「那道光」！

頂禮希夷先生紫微斗數之大智慧。

六、同盤不同命？是不會解釋而已，不是不同命

同盤不同命

↖ 權

天同 丁巳 22-31 福德宮	武曲 天府 戊午 田宅宮	太陽 太陰 (權) [忌] 己未 官祿宮	貪狼 (祿) 庚申 交友宮 29歲
破軍 丙辰 12-21 父母宮	戊辰年 男命 18歲 大限命宮 踏 父母 流年命宮 踏 遷移		天機 巨門 (忌) [祿] 辛酉 遷移宮 → 祿
文昌 乙卯 2-11 命宮			紫微 天相 [科] 壬戌 疾厄宮 → 權
祿 ← 廉貞 右弼 (科) 甲寅 兄弟宮	乙丑 夫妻宮	七殺 左輔 甲子 12-21 子女宮	天梁 文曲 [權] 癸亥 財帛宮

路人甲：二個命盤類似，一個是十八歲父、母、兄、姐先後去世，丙大限見生年忌入限。命主是丙大限見生年忌入限。命主丙大限十六歲無入生年科權限。另一個同盤有十六歲入生年科權限，那命就不同了。十六歲入生年科權限的同盤，父母有錢。為什麼十六歲入生年科權限的同盤人父母有錢？

周星飛：嗯，不是為什麼，因為你的觀念有問題，以為同盤就一定要同命？不在象義上下手解釋，永遠不知道同盤的差異在那裡。

為什麼十六歲入生年科權限的同盤人父母有錢？因為生年科權？就從全家出大

事變成父母有錢？那這個權科威力太大了，你就乾脆研究權科入限就好了。沒權科入限就是窮，就是夭病是吧？

路人甲：那不是。

周星飛：再研究研究吧。希望有一天你能研究出來。那就好好的印證吧。希望能成為一家之言。類似的命盤有些類似的事。田宅忌入遷移，如果這個家庭不保守就容易出大事。這個就像如果不念經，就可能會出事，犯官非之類的概念，所以一個家庭家破人亡。另一個家庭念經持戒，在命理解釋上都對。

而且福德再以丁巨門忌入遷移，田宅戊天機忌入遷移，這個很標準的家道中落，如果是有錢的那個家庭，也必然破大財的時候，不是人死就是財破，而且串聯巨門忌天機忌，很容易有些奇奇怪怪的問題的。如果是家裡的事情，都會很奇怪。比如說人倫上的混亂，幾代的男人都娶幾個老婆的，比如說爺爺娶了二房，父親娶了三房，人倫很混亂，大老婆生，二老婆生，小妾生的，小三生的，這個都是人倫上的問題，所以就容易變成家道中落之象，爭家產。

另一個有錢的命盤，很容易就會變成這樣子的情況，雖然人沒死，但是家庭或是家族鬧成一團，讓「遷移」外面的人看笑話。田宅忌入遷移的象義。所以，象義不知就不會解釋，只會想當然爾的猜。同盤要同命，當然猜錯的機會就大了。

路人甲：人倫「混亂」是父親淫兒子老婆。
周星飛：人倫「混亂」是父親淫兒子老婆＝＞真的嗎？是另一個有錢的命盤嗎？
路人甲：是。兒子淫父親的小妾，人倫「混亂」
周星飛：真的？所以，解釋象義很重要的。反正很亂啦。就是巨門忌怪事。
娶小妾不是人倫「混亂」＝＞是，就命理而言，就是「混亂」。
路人甲：「巨門忌」是陰門忌？
周星飛： 不是，是怪事。想不通為何會如此的。

七、梁若瑜老師講故事了：祖師爺上身的事

昨天跟梁老師聊天講事。我說：你應該有遇到什麼事，就變利害了。

梁老師就說了，大概是二〇一一年踏兄弟宮的時候，那時候正是他的大兒子吸毒鬧的正嚴重的時候，那時候也有作生意賣雞排、炸魷魚，因為小孩的事鬧的兇，也沒辦法作生意，就把攤子頂讓出去了後，整個人就覺得很疲累，沒啥心情。

有個朋友，叫甲男好了

這個甲男來找他聊天了，聊一聊就談到希夷先生的事，梁老師就說，想去拜拜，不知道那裡有？甲男就說，就在你家附近、仁武旁邊有個八仙廟，裡面就有供奉八仙，從下八仙、中八仙、到上八仙都有，那希夷先生是位列上八仙。

梁老師說：那就找時間一起去拜拜了。

甲男又找了他的姊夫，叫乙男。那乙男是打坐好幾年了，很認真修行的人，什麼手印都會打的。修行功力很利害的一個人。

他們就約了時間去拜了

三個人到了廟裡，一行人就上到三樓了。

然後甲男就說，你去跪在希夷先生的前面，梁老師就去跪了。

那乙男，很利害的修行人。那他就去請神了。乙男拿了三十六柱香點了之後，就插入每個香爐了，就開始打手印，請希夷祖師下來。他們一邊請，一邊就說「祖師爺來了喔！」那過一陣子之後，儀式結束之後，他們二個就把梁老師扶起來。

甲男：你有沒有覺的如何？

梁師：沒有啊。什麼感覺都沒有。

甲男：真的沒有？

梁師：真的。

甲乙：你真厲害！

梁老師那時候就覺得怪怪的，想說：沒感覺，還說厲害？問他們二個也不說，就那各自回家了，這個事時間一久就忘了。

梁老師說：大概就二〇一三年或是二〇四年吧，就這個事過了二到三年之後，有一次甲、乙又來聊天了，又談到這件事。

梁老師就問某甲說：那天的情況，是怎麼樣？

某甲就說了，某乙把祖師希夷先生神靈請下來之後，甲、乙二人就看著希夷先生的神靈，進了梁老師的身體了。然後，大概幾分鐘之後，又離開了。梁老師說「沒感覺！」

各位如果要去看什麼「神、鬼附體」就知道了，神跟鬼跟人的「波」是不一樣的。只要神鬼一上人的身，就會產生「震動」會搖，為何？因為，就是要震動，那個「靈魂」才會比較緊密的連在一起。

他們二個就說：你這個梁老，真不簡單，神明上身了，一點感覺都沒有。那就表示，希夷祖師跟師公的靈魂是契合的，無二無別的。

梁老師就說，那時候從八仙廟裡回來之後，斗數的功力就大增了。

還有昨天上課完的時候，又照例發了祖師的相片。梁老師公就說，他看這個相片就有感應的，就會有「用鼻子大力吐氣」的動作，所以昨天也把這個祖師的相片傳給梁老師。

這個就是希夷祖師跟梁老師的故事了。

其實，梁老師是一個很老實的人，算命三十年了，到現在他算命都還是一次收一千元。通常都是算二到三個小時的。那他的教學也一樣，只要上課就收五百元。沒上就不用繳，這種價錢早就被笑了。

我也一樣。說實在的，祖師爺對我也不錯的。只是我沒走修行路的。

所以，除了跟梁老師上課之外，也沒有什麼人指點我這些「鬼神的事」。多半是自已在論命教學的過程，而累積得到的經驗。

不過，這幾年的磨練下來的，在鬼神上，我是看的比梁老師更深細的。現在反而會教梁老師的。教學相長的路上，誰教誰還不知道的。

我每次對學生們上課的前後，都把希夷祖師爺的相片拿出來祈求一下，尊師重道，祈求祖師加持。才可能會把紫微斗數學好一點。用這一點，師生相互勉勵。

八仙廟的地址：

仁武 赤夢山 八仙廟 高雄市鳥松區夢裏村仁勇路二三五號 07-7331838

八仙廟 外觀

紫微斗數祖師爺 希夷先生

每次上課前後，祈求祖師的相片。

八仙廟 恭奉 老陳摶 扶搖子希夷 斗數祖師殿

八、重興曹溪南華寺記　虛雲

于一毫端現寶王剎。坐微塵裡轉大法論。盡虛空。遍法界。何處不是道場。一累土。一畫沙。何事而非佛事。語其極則。動念即乖。寧有語言文字可記載耶。然而世有遷流。界有方位。道有隱顯。事有廢興。況夫道在人弘。理因事顯。欲承先而啟後。續慧命以傳燈。又烏可無語言文字以記載耶。曹溪為六祖大鑒禪師道場。傳東山法脈。弘南頓宗風。一滴曹溪。灑遍寰宇。五宗競秀。千載向風。若闇。若彰。成佛成祖者不知若干人。報本思源。丕顯奕世。不綦重哉。是則更不可無語言文字以記載也。雲老矣。耄齡始得來曹溪為六祖作掃除隸。追懷往事。若有夙緣。十載經營。綜理次第。心力交瘁。始具規模。後之僧徒。守此勿失。永保道場。上以微報佛祖之大恩。外亦不辜護法之宏願。是雲所以望諸來者。

中華民國七年歲次戊午。雲在滇南雞足山時。李公根源督辦韶州軍務。修理南華寺。訊至滇。屬雲來主持斯事。雲以雞山因緣未竟。謝卻之。

民國十七年戊辰。雲與王居士九齡同寓香港。時粵主席陳公銘樞。邀至珠江。亦請雲住持南華。而先有海軍部長楊樹莊。方聲濤等。以閩之鼓山寺。急待整理。派人挾伴雲往。雲以出家鼓山因緣。勿能卻也。遂之鼓山。數載辛勞。略有建制。

至民國二十三年甲戌四月。粵僧敬禪。之清。福果等。參禮鼓山。屢言粵中佛法衰落。

祖庭傾圮。欲雲赴粵中興之。意未決。一夜連獲三夢六祖。喚來南華。次日向諸人敘述夢緣。感歎稀有。不數日粵北綏靖主任。今省府主席。李公漢魂。電函邀約。住持南華。眾亦以夢境敦勸。雲意動。即擬三事。複李公相商。（一）六祖道場南華寺。永作十方叢林。任僧棲止。（二）宜征取原有子孫房眾願意交出。不可迫脅。（三）所有出入貨財。清理產業。交涉訴訟等事。概由施主負責。倘允三事。即來參看。李公複電照行。並派吳秘書種石。暨廣州香港緇素十餘人。到鼓山迎迓。雲遂赴粵。詣曹溪。禮祖庭。觀察形勢。左右閉隔向背失宜。因謂李公曰。「此事實費躊躇。貧僧力薄。恐不勝任矣。」李公曰。「何謂耶。」雲曰。「此系宇內名勝祖庭。今頹廢若此。非掀翻重建。不足暢祖源而裕後昆。若作成次序如法。亦非歷數年工程。費數十萬金不辦。貧僧安有此力哉。」李公曰。「師勉任之。籌款我當盡力耳。」命繪圖參酌。雲以重念祖庭故。遂許之。時正民國二十三年八月二日。祖師耶誕節也。乃解辭鼓山職務。鞠躬盡瘁。以事祖庭。

先相度全山形勢。考天監初。智藥尊者。化曹侯開山。建寶林禪寺。其基地似在左邊。即今南華精舍之下。至唐儀鳳初年。六祖來此。已閱一百七十年。舊寺久廢。山場亦歸陳姓管業。六祖欲恢復舊寺。時陳亞仙之先人墳地。已葬寺之右邊矣。六祖感動四天王定界。亞仙乞留祖墓。保存至今。故當日六祖造寺。其寺牆外為陳亞仙祖墳。墓右悉為龍潭。六祖降龍蛻化。欲堙其潭。以建僧舍。工未半而祖入滅。後弟子奉祖肉身。築塔於亞仙祖墳前。初為木塔。不甚高也。至憲宗元和七年。賜諡大鑒禪師。塔曰元和靈照。稍加修飾。宋太宗太平興國元年。詔新師塔七層。易以磚石。塔曰太平興國之塔。以後歷代修繕。皆沿其址。（後人觀察浮圖高聳。壓亞仙祖墳。未詳此一段經過事實。）以形勢言。該塔壓寺右臂。伸縮妨礙。以百房子孫至明代而僅存十余房。讀南華事略。不禁掩卷三歎。萬曆二十八年。庚子秋。憨山清公。始入山重興祖庭。意欲填築龍潭。統一各家方位。糾正山向。閱時八載。工程及半。以魔事去。後雖重來。不久示寂。讀夢游集誓願文。冀後輩重興。滿其素願。迄今又越三百餘年矣。清代康熙年間。雖經平南王尚可喜重修。納形勢家言。填塞龍潭。將全寺殿堂。移置陳亞仙祖墳右。而靈照寶塔又壓住寺之左臂。且也。卓錫泉出自象口。寺後橫山是象牙。乃本寺之主靠山。自憨山挑培以後。歷次修繕者。不審山脈。削去靠山。使飛錫橋水直沖寺後。形成洗背水。此一忌也。龍潭之右小岡。形似象鼻。系寺內之白虎山。挖斷數處。包圍不密。缺乏遮蔽。此二忌也。外往滃溪路之山坳。破缺多處。正當北風。又無叢林掩護。此三忌也。寺之前後靠向不正。舊日頭進山門。即在現今西邊大樟樹林內。中有深坑。如現今之曹溪門前。墓地丘陵起伏。穢積亂葬。坎坷寓目。幽明不安。此四忌也。雲海樓下之井。名羅漢井。在舊天王殿西邊。井右有一高坡。透迤達天王殿門口。成為白虎捶胸格。此五忌也。寺後大山。雖號雙峰。其實太弱。更因寺之坐靠。不依正主。以凹窪為背。是以子孫日漸衰弱。雲至曹溪。房分只有五家。其數。不上十人。不居寺內。各攜家眷。住於村莊耕植牧畜。無殊俗類。其祖殿香燈僧。歸鄉人派管。每逢二八兩月祖誕。所有收入。由鄉村管理。宰殺烹飲。賭博吸煙。人畜糞穢。觸目掩鼻。視憨山所記當日情形。尤有甚焉。夫以我六祖大鑒禪師。道侔千佛。德被含生。固足以耀後世而垂無窮。獨於其肉身所在道場。區區咫尺之地。輒不及百年而即中落者。**雖曰人謀之不臧。要亦未嘗非地形之失利。相其陰陽。觀其流泉。岩虛語哉。雲察勘既竟。商諸李公。先定山場。以圖展布。**李公與吳君種石。將寺屬基地。創辦林場。劃出寺外四周。山地五百畝。交寺建築。雲不得不殫心竭力。從事建置。初雲入山時。除祖殿寶塔及蘇程庵一那份稍為完整外。其大殿經樓方丈僧寮均皆摧朽。容眾無所。暫搭杉皮茅蓬二十餘間。作大寮客堂。及緇素工人食宿處。乃著手先行培修祖殿。殿內祖坐木龕。以年遠故。被白蟻損壞。乃請出祖師肉身聖像。重新裝修。另照育王塔式。作祖坐龕。龕外塑南嶽。青原。法海。神會。四位侍側。以南嶽。青原。為祖在日之上首弟子。五宗皆由二派流出。法海則流通祖師法寶。神會在滑台大振頓宗。若孔門之四哲也。複在祖殿兩廂建東賢殿。西賢殿。塑五宗有功法門諸祖。若孔門之七十二賢也。曹溪為禪門洙泗。應先正名定位。原先殿左供聖父聖母右供伽藍神。中制靈通侍者酒亭。比憨山公當日戒靈通飲酒時。尤變本加厲焉。又憨公肉身。原供靈照塔內。有一四尺余高之銅鑄觀音大士。供在憨山下位。序次失儀。而丹田肉身。原供祖殿東廂。已為駐兵之所。積穢不堪。雲乃先建報恩堂。安奉聖父聖母。于祖龕之左。另制一龕。以奉憨山。右制一龕。以奉丹田。建伽藍殿。

以奉伽藍神。儕靈通侍者于內。撤其酒亭。（另為文祭告。）又于祖殿之西。建觀音堂一所。共十五間。建外眾圍及雜屋九間。內眾圍及浴房七間。移奉靈照塔內之觀音大士。並為女眾受戒掛搭之所。將方丈內之六祖銅像。供於靈照塔內。（此像原在韶州大鑒寺。因寺毀。乃移奉南華。）祖殿之後。舊名蘇程庵。積穢充滿。清除修建。架以履樓。通連祖殿。暫作方丈。方丈之東。為一土坡。將土挑培主山。築樓房上下各五間。以作祖堂。供歷代祖師及南華繼席宗匠牌位。方丈之西。即新建之觀音堂也。內部情形。略為就緒。

雲乃預期十事。次第進行。

（一）更改河流以避凶煞

考曹溪河流。由東天王嶺。繞出寺前。西達虹光橋。以入馬壩。寺門距溪邊約一百四十餘丈。因年遠失修。沙石壅塞。溪水改向北流。直沖寺前大路邊。向寺門激射。此反弓格也。故必先更改河流。恢復舊道。以避凶煞。民國二十四年乙亥夏。勘定水線。計挑築新河。填補舊河。全程共八百七十餘丈。所費甚巨。正擬動工。乃于七月二十日夜雷雨大作。水漲平堤。衝開新河。舊河已被泥土淤塞。砂石湧起。反形成寺前之一字案。此護法神之力也。雲何功焉。今寺前林木蔥郁。沙環水帶。非複曩時景象矣。

（二）更正山向以成主體

查舊日山門在樟樹西邊。越過深坑乃得出入。不成門面。而現在山門外之大路坪場。坡

陀歷亂。野葬縱橫。因此先遷葬亂墳。挑平土石。即以土石築成左右護衛山。高有數丈。以其基地改為曹溪正門。外辟廣場。栽種樹木。綠蔭翳天。白雲覆地。望之儼然一清淨道場。

（三）培山主以免坐空及築高左右護山以成大場局

寺所枕山。形像似象。後人將方丈後之靠山。分段鏟去。使寺後落空無主。寺坐象口。其左右系象之下頷。夷成平地。陰陽不分。其右系象鼻。應當高聳。分節起伏。又被人在毗盧井處切斷。（井在今禪堂後西角。）一路挖平。直到頭山門。成大空缺。又無樹木擁護。遠望孤寺無依。近察鼻節已陷。殊痛恨也。雲于拆平舊殿堂及丹墀時。所有土石。悉歸三處。右高於左。形象鼻也。稍曲而東。形鼻之卷也。中鑿蓮池。象鼻之吸水處也。培高後山。依倚固也。三處皆栽林木。今幽翠矣。

（四）新建殿堂以式莊嚴

民國二十五年丙子。新建大雄寶殿。按舊日殿基。在現今之功德堂後。靈照塔壓其左臂。其方向為坐艮向坤。平藩尚可喜所建也。雲以大殿為全寺主體。關係重大。乃相度地勢。鳩工備材。移大殿於塔前。即以靈照塔作殿之靠背。去壓臂之患。獲端拱之安。其方向以坐癸丑向丁未癸丁八度兼丑未線。將與寶林門同一方向。既協定星。複觀大壯。堂堂正正。燁然巨觀。外像象王之居。中施獅子之座。塑五丈高金身大佛三尊。迦葉阿難二尊者侍側。四周塑五百羅漢。左右文殊普賢二菩薩。座後塑觀音大士。使尋聲而至者。覿面相呈。慕曹溪而來者。飽嘗而去。築殿基時。土中挖出鐵塔一座。高尋丈。為清代雍正時造。——志書載為降龍塔。非也。移鐵塔於鼓樓下。金飾而莊嚴之。複將平藩二碑。分嵌於鐘鼓樓內。以備考古。同時挑平今曹溪門地基。及門口之亂坡。砌泄水溝五十餘丈。自象鼻岡下穿過山限。挖成水洞。注入曹溪門內水池。池週四十餘丈。中建五香亭。其形如象鼻之卷蓮花也。鱗甲之類。以棲息焉。廿六年丁丑。建曹溪門。（原昔曹溪門在西邊大樟樹下。）現稍移東。取坐癸丑向丁未六度兼癸丁線。與四天王殿同向。舊日天王殿。在今之西歸堂後。今之殿址多為亂坡。夷平之下。以建四天王殿。其左為虛懷樓。右為雲海樓。複建香積廚齋堂。庫房等屋宇。建香積廚時。土中挖出千僧大飯鍋一具。元代物也。移置大殿后觀音菩薩座前。以植蓮花。廿七年戊寅。建寶林門。其原址在現今西邊空缺處。坎坷不平。乃挑其土以培高左右沙手。雲海樓下有一古井。名羅漢井。原在深坑內。加高一丈另五寸。使與園地平衡。中辟神道。左右各築蓮池。重建鐘樓。此銅鐘為宋代物。埋土中。出而懸之。聲聞十裡。發人深省也。又建報恩堂。伽藍殿及客堂。廿八年己卯。建鼓樓。祖師殿。供東土初祖以至六祖。及本寺開山智藥尊者七位。又建西歸堂。安僧眾覺靈。建功德堂。奉各護法主位。建雲水堂。接待來往僧眾。廿九年庚辰。建禪堂。依制坐香。建韋馱殿。班首寮。維那寮。以嚴督察。又建如意寮。置備醫藥。以調養病苦。指定售南華茶葉入款。以為湯藥之費。又鑿通方丈後山。引導卓錫泉水源。砌成水洞。安置總分鐵管。直透香積廚。及各堂寮。三十年辛巳。將大殿之後。靈照塔之前。建法堂一座。其上為藏經樓。內藏廿五年由北京請回龍藏全部。大藏遺珍全套。又李伯豪主席送磧砂藏一部。築戒壇時，在土內挖出萬曆年修塔碑。豎立雨花臺壁中。建回向堂。安奉國殤忠魂。建迎賢樓。招待來往賓客食宿。建無盡庵。以為女眾清修。（按無盡藏尼。為六祖最初護法。其庵址似在卓錫泉右邊。憨山祖師曾經重修。傾廢已久。雲以庵與寺太近。故清出離寺東約三裡許之柏樹下村莊房。榜曰古無盡庵。移女眾于此修持。至無盡尼之真身。現在曲江灣頭村西華庵。今依其形貌。塑像一尊。供於庵中。以作女眾修持模範。）三十一年壬午。于左殿左邊建念佛堂。以安修淨土者。掘地時得萬曆年余大成蘇程庵碑。足資考據。豎立於念佛堂照牆內。又建延壽堂。安諸老人。平地基時。發現宋淳熙年間所刻六祖真像及碑銘。移存祖殿照壁廊內。又在鐘樓之後。建碾米房。沐浴室。工行寮。儲蓄所及東圃。於其地掘出無數人骨。及一丈六尺之杓棺數具。其中火坯之穀類甚多。待考證也。三十二年癸未。建海會塔。于寺東二裡許。緣南華舊無普同塔。歷代亡僧。隨山亂葬。日久遂形拋露。莫慰先靈。乃先設荼毗爐。以梵遺蛻。嗣建斯塔。以藏七眾。該塔用鋼筋水泥築成。堅固異常。足納灰塔數百萬具。其上建念佛堂。長年念佛。以利冥陽。於塔左右各建樓房四五楹。以為看塔念佛人住所。又於塔前圍築圍場。遍栽林木。門外鑿一方池。以植蓮花。又重修卓錫泉。因舊日無池蓄水。飲料不潔。乃鑿池蓄水。中隔砂井。施以藥物。用鐵管引入大寮。又修飛錫橋。以保存古跡。修伏虎亭。以弭虎患。又因曹溪各村貧苦兒童。

無力就學。因設義學教之。此民國三十二年事也。綜上十年。雲重新祖庭。至此始成具體。茲再條析述之。綜覽全域。計自曹溪門至卓錫泉。由南至北。深一百五十一丈。由東邊寺牆至禪堂西壁。廣三十九丈五尺。首進曹溪門上下各一楹。越圍坪。度放生池。中有五香亭一座。次進為寶林門。樓上下各五楹。曆神道至陛階。至四天王殿五大楹。殿左為虛懷樓。上下各五楹。殿右為雲海樓。上下各五楹。均南向。由韋馱殿經花園。上丹墀。大雄寶殿五楹。殿后法堂戒壇。及藏經閣上下各五楹。法堂之後為靈照塔。塔後為祖殿。殿后為方丈。上下各五楹。方丈後繞道依山。至飛錫橋伏虎亭。以達卓錫泉。此中路也。東邊由虛懷樓後。報恩堂樓上下各二楹。鐘樓三層各一楹。伽藍殿上下各五楹。客堂樓上下各五楹。齋堂樓上下各五楹。庫房樓上下各五楹。曆階至回向堂五楹。回光堂五楹。延壽堂樓上下五楹。進為念佛堂樓上下各五楹。均西向。至祖堂樓上下五楹。則南向矣。此東路也。西邊至雲海樓後。西歸堂樓上下各二楹。鼓樓三層各一楹。祖師殿樓上下各五楹。雲水堂樓上下各五楹。西入禪堂五楹。南向。韋馱殿。維那寮共七楹。北向。班首寮。如意寮各七楹。東西向。再上為西圍。計外堂廁所及雜屋共九楹。內堂廁所及沐浴室七楹。進為返照堂五楹。經祖殿兩傍建東賢殿三楹。西賢殿后達觀音堂。共計樓上下各十五楹。此西路也。附于東路者。為客堂後之待賢樓。上下各五楹。齋堂之後。香積廚五楹。沐室七楹。碾米房一楹。工人室三楹。柴草寮五楹。東圍五楹。隸屬寺管者。無盡庵三十八楹。海會塔正座樓上下各三楹。兩旁樓房各四楹。幼幼亭右守望所三楹。總計新建殿堂房宇庵塔約二百四十三楹。其中間隔各部分寮房若干間。亦足以暫容清修勝侶矣。又塑造大殿及兩序大小佛像。共計約六百九十尊。備極莊嚴。

（五）驅逐流棍革除積弊

雲自甲戌八月入山。見聖地道場。變作修羅惡境。祖庭成牧畜之所。大殿為屠宰之場。方丈作駐兵之營。僧寮化煙霞之窟。菩提路列肉林酒肆。袈裟角現舞扇歌衫。罪穢彌倫。無惡不作。雲始以善言相勸。置若罔聞。稍示權威。則持刃尋逐。瀕於生死者亦屢矣。終仗護法大力。切實嚴禁。督警驅除。與之爭持。曆三四年乃掃除淨盡。複于寺外大路以南。蓋板屋十餘間。遴選善人。販賣茶果。只許素食。均能奉持。以至於今。得以重興殿宇。莊嚴淨域也。

（六）清丈界址以保古跡

自祖師募化檀越陳亞仙舍地。以四天王嶺為界。千載以來。已成定案。第因年代久遠。人事變遷。雖志書所載甚詳。而實際反空無所有。僧餘破壁之參。佛久積塵之坐。尺天寸地。指點無從。至民國廿五年丙子九月。請省府令行派員履勘劃界。保存古跡。繪圖立案。出示曉諭。照圖管業。使界址複明。

（七）增置產業以維常住

查南華寺產。志書所載甚多。歷經豪右併吞。奸僧盜賣。雲入山時僅有租穀二十擔。千分不逮一也。乃著手整頓。擬先清理產業。調驗契據。如無紅契。而屬寺產者。不容侵佔。有紅契而原屬寺產者。准以七成贖之。正計畫中。而時局屢變。風波動盪。無從進行。只有從前北區綏靖處所辦之林場。於民國廿五年由政府批准。交回寺內管業。惟所入無多。不足以贍常住。雲至乃募資漸次收買。至民國廿八年連贖回及新買之稻田若干畝。每年租穀約數百擔。（另詳香火田產記。）至是常住始有粒食可靠。然所曆艱苦。不可言喻。（其最苦者厥為後山紫筍莊寺田三百數十丘。為黎謝二姓所侵佔。被人從中舞弊。向政府交涉。又因時局變遷。迄未清回。望後來者有以收回之。）

（八）嚴守戒律以挽頹風

昔我佛入滅。垂誡後人以戒為師。嚴規行也。今雖末法。僧伽墮落。粵中尤甚。顧念南華為宇內祖庭。豈容汙合。今茲冷灰再煙。非宏法不能重興。非守戒不能宏法。雲乃遵百丈清規。嚴肅綱紀。一粥一飯。持午因時。一步一趨。悉守儀範。為真佛子。乃可保叢林於久遠也。（其各種條規。另見同住規約。）

（九）創禪堂安僧眾以續慧命

初祖西來。單傳直指。六祖得法。弘揚五宗。禪波羅蜜也。五燈會元所記諸佛諸祖無不自禪定中來。得大機大用。渡眾無算。今我六祖頓教道場。寂寞久矣。雲乃造禪堂。定香數。

發警策。下鉗槌。冀其磨練身心。渡己渡人。以續我佛慧命。（十）傳戒法立學校以培育人材時當末劫。法運垂秋。痛心下淚。何也。佛所囑咐。波羅提木叉為汝等大師。又雲。戒如明日月。能消長夜暗。又曰。此經能住世。佛法得熾盛。若不持此戒。世界皆暗冥。今茲佛法衰微。三門塗炭。豈非無因。無奈釋子掛名受戒。而不遵崇。外服袈裟。行同凡俗。是波句徒屬。作獅子身中虱耳。雲為挽頹風。捐費信施財物。成茲大廈。意欲一一如法。培植人材。常轉法輪。慧命是續。因此建立長期戒壇。逢年傳戒。道不論遠近。人不論多寡。依時而來。傳受戒法。期滿後入學戒堂重行熏習。以資深造。不受寄名。不容簡略。肅戒律也。

雲入山十年矣。仗佛祖威靈。檀越護法。預期十事。次第完成。聊竟憨公未竟之志。今堂宇可容僧伽五百人。租穀亦差足半年糧食。四事供養。具體而微。佛子住持。寧心無慮。敬祈執事。保此道場。雲於此十年間。左支右絀。辛苦撐持。委曲求全。濟變禦侮。其困苦艱難有不堪殫述者。雲今去矣。付與僧徒複仁住持。書此事實。以勵後昆。其或有超世高人。空宗大士。認此為空花佛事。水月道場。雲又何辭。雲嘗恭讀壇經。至五祖以袈裟遮圍。為祖說金剛經。至應無所住而生其心。祖於言下大悟。即啟五祖言。何期自性。本自清淨。何期自性。本無生滅。何期自性。本自具足。何期自性。本無動搖。何期自性。能生萬法。一路說來。如天花亂墜。前四句何期。是攝用歸體。後一句何期。是全體大用。前四句是自渡。

後一句是渡生。能生萬法者。一切種智也。我佛以一大事因緣。出現於世。開示悟入佛之知見。廣佛法於無邊。渡眾生於無盡。故釋迦不終老於雪山。六祖不永潛於獵隊。為傳佛種智耳。雲雖行能無似。然不敢作最後斷佛種性人。因此數十年來。屢興道場。不惜作童子累土畫沙事。亦本於教亦多術。逗機接引。以傳佛種智耳。安敢作有相無相之論哉。有情來下種。因地果還生。願一切有情。同圓種智。

第七篇

結語

不問鬼神論鬼神！看清命盤中關於神鬼的事情，了解因果改善命運，人人皆有善惡的密碼，看完本書把玄學變科學，解讀命盤進而達到隱惡揚善的目的。那一般學紫微斗數的人，並不能理解善惡的密碼怎麼解讀的，通常只是學習「盤面上」的事情，或是學習很死板的答案，或是只會妻友子財、富貴名利的事情。遇到了不可思議、鬼神的事就無法解讀了，或是避而不談，或是叫你念佛迴向。不知道命盤上怎麼說這個鬼神的事，就無法對症下藥，或是亂槍打鳥式的解決，很可惜。

要精準這個事，就必須在命理上更為精進才行。不過，外面的其他紫微斗數門派，似乎在這個題目上著墨不多。所以，我就斗膽一點，把過去論命、教學的經驗，收集起來整理成書，並加以系統化的整理，配合修行上、鬼神上各種的情況，從命理下手研究，期望更多人對於這個題目上的命理解讀有更進一步的了解。不過，會不會衝擊到很多人紫微斗數觀念，我就無法得知了。

我常常跟很多朋友、學生分享這個「鬼神、修行」的題目，也跟同行命理師交流討論這個題目，他們都一致的表示：我幫他們開啟鬼神這個未知的世界，而這個世界是存在的，而且確實是從命盤上可以看出來的。不得不佩服、讚嘆我們斗數的祖師爺——希夷祖師的偉大智慧。早就寫好等著你去發覺人生的真相。

不過遇到這個鬼神，第一，無人證實是對是錯，只能透過「通靈」或是「扶鸞」、「起乩」等靈媒通靈者的解釋，才可能有機會見識到「鬼神的事」；第二，這些靈媒通靈者的訊息是真是假也不知道，所以如果有能力解讀命盤，而直接「看命盤跟命主對話」，可以用命理的智慧直接溝通鬼神就明確多了。有了命理的智慧去判斷鬼神的事，就不會被外在的一般知識、常識否定，不然，說有神沒神，就是一個爭論點了。其次，宇宙間有「陰」就有「陽」，因此靈界的靈體有「善」亦有「惡」，有「真」也有「假」，所以來傳達訊息的靈體不見得都是世人所想像的「神明」或「仙佛」，也有可能是「妖魔」與「鬼怪」，如果沒有更高修為的人來判斷是真是假，那不是會「被鬼牽著走」嗎？因此，提高命理的智慧，多些判斷力，那至少被誤導的機會就少了，更能往好的方向去發展了。

怎麼才有機會提高命理上的智慧呢？本身的人格修養、心靈品質，必須與神明相符，跟神明的心願能相同。比如說媽祖、保生大帝都有一心為眾生解脫「病苦」而努力的行為，所以一個學醫的發願要治病，當然能感應媽祖、保生大帝的加持，而醫術精進。那學習紫微斗數的命理師，應該要常常恭敬祖師希夷先生，這樣子紫微斗數要進步就會很快。還有要懂慈悲，不應執著，不貪名利，嚴戒女色，精進修持，嚴守五戒十善（不殺、不盜、不淫、不妄、不酒），最好能清齋茹素（低級鬼神喜歡吸食葷腥之氣，高級神靈不喜惡臭難聞的葷腥之氣，見《楞嚴經》），如此之人才能真正天人合一，與神明相應，智慧自然會往上提高。

作為一個命理師，有二種使命。第一種使命是先天使命，是一種辦道的心，大道普傳的工作。大道降世的開道先鋒，必須忠誠嚴格執行既有的神聖工作、有旨令的；將上蒼、無形界至尊寶貴、人間沒有的資訊傳遞給上天的子民——黎民百姓們，藉以知道天時、道運、天機、道法，及當下未來修道行道辨道者的工程方向及指標，所以說：命理師是先知、天使、道門之寶、行道開道的先鋒。

第二種使命，是有必要將命主命盤上的因果故事，講述給命主聽。算命要算對、算準，這是第一要務，第二要務當然是勸命主隱惡揚善，了解因果的事。善惡報應不爽，如果能提醒命主細心體悟自己的缺點，力行善道，獲福就無量了。千萬不要行惡作惡，惡業緣日積月累，待至惡貫滿盈，報應臨頭再來說「老師救我」，那就晚了。

善惡報應遲早不同，時間到了必然應驗。但有人說：某某人沒有行善，反而發家致富；某人家仁善好施，卻出現事業蹇滯不順，是何道理？這種情況常見，作惡發家，只因祖宗積有善德，德澤濃厚，蔭在子孫，故而享福。如銀行有存款可以任意取用，但是祖德耗盡，存款取完，福澤隨之消失。為善之家，如果祖上有惡業，雖然不順，可是惡業去完定然發福。古有楹聯：「為善不昌，祖有餘殃，殃盡必昌；作惡不滅，祖有餘德，德盡必滅。」就是這個道理。這本紫微斗數鬼神論，除了算命之外，更希望能把因果故事寫清楚，助後學者改惡向善，必然福祿綿延。

學山醫命卜相的人，大概百分之五十心術不正，就很容易變神棍、鬼棍，裝神弄鬼、欺騙世人、騙財騙色的。那心術正的，就沒這個問題嗎？一樣還是有的。因為，學藝尚淺或是學藝不精，又想著貪別人給他的「名聞利養」、「裝高尚大」，所以一樣還是會裝神的。這個裝神弄鬼的事，不管心術正不正，都是有可能會發生的。要防止這樣子的事情，最重要還是要從心做起。把「因果、鬼神」時時放心裡，才是釜底抽薪之計。

本書最後，收錄三篇文章〈算命的壞處、算命的好處〉、〈太上感應篇〉、〈文昌帝君陰騭文〉，再提醒各位讀者，命理同行，盡力向善修行，引導大眾提高智慧，圓滿道心、道行。

第一篇、算命的壞處、算命的好處

一、積不善之家，必有餘殃（算命的壞處）

以前安徽定遠縣城隍廟門口有一副對聯：

淚酸血鹹，悔不該手辣口甜，只道世間無苦海；

金黃銀白，但見了眼紅心黑，哪知頭上有青天。

又如〈太上感應篇〉所說：「禍福無門，唯人自召；善惡之報，如影隨形。」

學風水歷來有這樣的儀軌，即拜師時要在祖師牌位前立誓：「夭、貧、孤任擇其一。」既然風水是趨吉避凶之術，為何掌握風水術的風水師多有夭、貧、孤、殘、瞎的淒涼結局呢？難道，古人留下來的五術，是要讓人墮入地獄的方便之門？

如《文言》所言：「積不善之家，必有餘殃。」錢來得不乾淨，也必定去得輕鬆，留下的只是無盡的業力。

二、積善之家，必有餘慶（算命的好處）

以下文章出自《道德叢書》之〈不費一文錢的口頭功德感動異類〉。

江西地方，有一位曾經做過禦史的田公，他的住宅左邊有一間空屋，夜裡常常有狐狸精在屋裡作祟，拍桌子、抛器物、燒紙、潑水……滋擾不堪。

田御史曾親自禳祝，用了各種方法，都不能將狐精驅除。後來聽說，鄰村有位姓孫名永的相士，精通易數，能驅邪降妖。就派僕人去邀請他來家中占卜驅邪。孫永相士到來時，天已晚了，就安排他住宿在那間有狐精作祟的空屋裡。

夜深人靜後，田御史派僕人去觀察動靜，過了一會兒，那個僕人回稟道：「今夜狐精不吵鬧。我聽得狐精做人語道，『這位孫相士，是有道德的人，天神都很欽敬他。今夜孫相士住宿在此間，我們不可侵犯！』說完了這幾句話，就寂然沒有聲息了。」

田御史聽完了僕人的這段報告，心中已有幾分明白。第二天，就請孫相士帶眷屬來常住在那屋裡。夜間又派僕人去察探，僕人回報說：「狐精又做人語道，『現在孫相士常住此處了，我們應當迅速遠避才好。』」從此，這屋裡的狐患就平息下來。

後來，田御史將兩次所聽得的狐語，去問孫相士：「你平生究竟有何種德行，竟能感動異類？」

孫相士沉思了好一會兒，回答道：「我自以命相薄技，僅能糊口，沒有什麼功德建樹！我平日只是替人算命相面，占卜休咎時，因機乘便，常常勸人以改過遷善，挽回定數；對於貌應夭亡的人，就勸他戒殺放生，常存慈心，以延壽限；對於時運蹇薄的人，勸他扶危濟困，廣積陰德，以邀福祉；對於運正亨通的人，就勸他惜福散財，廣行布施，以保長泰；對於命中無子的人，就勸他戒淫節欲，修德行善，以求子嗣。我隨機勸導，志專利人，每以誠懇的態度，婉轉的語調，將『命由天定，禍福自招。』的道理，勸人修心補相。能夠接受我的勸告，從此回心修善，終於轉禍為福，而得長壽的人，也很不少。我這樣改蹇命為吉命的借術勸人，已有三十年了。狐語所指，大約就是我這點不費一文錢的口頭功德吧！其實這種功德，何人不能做，何必是我才能做呢？可惜他人不肯做罷了。」

田御史聽完後，感慨、讚歎地說：「先生能以命相小術，誠心勸人，歷久不倦，終得上感天帝，下格異類！我現在才知道，金錢權位遠不及存心利人的功德。我很悔恨當初在官時，不能廣修濟世利人的功德，將很好的機會白白的辜負了。到如今只落得為異類所揶揄，真是慚愧極了！」

後來，孫相士活到八十歲。有兩個兒子，都中了舉人，很受人尊敬。這正是其父口舌勸人的餘慶吧！

第二篇、〈太上感應篇〉

太上曰：「禍福無門，惟人自召；善惡之報，如影隨形。」

是以天地有司過之神，依人所犯輕重，以奪人算。算減則貧耗，多逢憂患；人皆惡之，刑禍隨之，吉慶避之，惡星災之；算盡則死。

又有三台北斗神君，在人頭上，錄人罪惡，奪其紀算。又有三尸神，在人身中，每到庚申日，輒上詣天曹，言人罪過。月晦之日，灶神亦然。凡人有過，大則奪紀，小則奪算。其過大小，有數百事，欲求長生者，先須避之。

是道則進，非道則退。不履邪徑，不欺暗室；積德累功，慈心於物；忠孝友悌，正己化人；矜孤恤寡，敬老懷幼；昆蟲草木，猶不可傷。宜憫人之凶，樂人之善；濟人之急，救人之危。見人之得，如己之得；見人之失，如己之失。不彰人短，不炫己長；遏惡揚善，推多取少。受辱不怨，受寵若驚；施恩不求報，與人不追悔。

所謂善人，人皆敬之，天道佑之，福祿隨之，眾邪遠之，神靈衛之；所作必成，神仙可冀。欲求天仙者，當立一千三百善；欲求地仙者，當立三百善。

苟或非義而動，背理而行；以惡為能，忍作殘害；陰賊良善，暗侮君親；慢其先生，叛其所事；誑諸無識，謗諸同學；虛誣詐偽，攻訐宗親；剛強不仁，狠戾自用；是非不當，向背乖宜；虐下取功，諂上希旨；受恩不感，念怨不休；輕蔑天民，擾亂國政；賞及非義，刑及無辜；殺人取財，傾人取位；誅降戮服，貶正排賢；凌孤逼寡，棄法受賂；以直為曲，以曲為直；入輕為重，見殺加怒；知過不改，知善不為；自罪引他，壅塞方術；訕謗聖賢，侵凌道德。

射飛逐走，發蟄驚棲；填穴覆巢，傷胎破卵；願人有失，毀人成功；危人自安，減人自益；以惡易好，以私廢公，竊人之能，蔽人之善；形人之醜，訐人之私；耗人貨財，離人骨肉；侵人所愛，助人為非；逞志作威，辱人求勝；敗人苗稼，破人婚姻；苟富而驕，苟免無恥；認恩推過，嫁禍賣惡；沽買虛譽，包貯險心；挫人所長，護己所短；乘威迫脅，縱暴殺傷；無故剪裁，非禮烹宰；散棄五穀，勞擾眾生；破人之家，取其財寶；決水放火，以害民居；紊亂規模，以敗人功；損人器物，以窮人用。

見他榮貴，願他流貶；見他富有，願他破散；見他色美，起心私之；負他貨財，願他身死；干求不遂，便生咒恨；見他失便，便說他過；見他體相不具而笑之，見他材能稱而抑之。

埋蠱厭人，用藥殺樹；恚怒師父，抵觸父兄；強取強求，好侵好奪；擄掠致富，巧詐求遷；賞罰不平，逸樂過節；苛虐其下，恐嚇於他；怨天尤人，呵風罵雨；鬥合爭訟，妄逐朋黨；用妻妾語，違父母訓；得新忘故，口是心非；貪冒於財，欺罔其上；造作惡語，讒毀平人；毀人稱直，罵神稱正；棄順效逆，背親向疏；指天地以證鄙懷，引神明而鑒猥事。

施與後悔，假借不還；分外營求，力上施設；淫慾過度，心毒貌慈；穢食餧人，左道惑眾；短尺狹度，輕秤小升；以偽雜真，採取姦利；壓良為賤，謾驀愚人；貪婪，咒詛求直。嗜酒悖亂，骨肉忿爭；男不忠良，女不柔順；不和其室，不敬其夫；每好矜誇，常行妒忌；無行於妻子，失禮於舅姑；輕慢先靈，違逆上命；作為無益，懷挾外心；自咒咒他，偏憎偏愛；越井越灶，跳食跳人；損子墮胎，行多隱僻；晦臘歌舞，朔旦號怒；對北涕唾及溺，對灶吟詠及哭；又以灶火燒香，穢柴作食；夜起裸露，八節行刑；唾流星，指虹霓；輒指三光，久視日月；春月燎獵，對北惡罵，無故殺龜打蛇……如是等罪，司命隨其輕重，奪其紀算。算盡則死；死有餘責，乃殃及子孫。

又諸橫取人財者，乃計其妻子家口以當之，漸至死喪。若不死喪，則有水火盜賊、遺亡器物、疾病口舌諸事，以當妄取之值。

又枉殺人者，是易刀兵而相殺也。取非義之財者，譬如漏脯救饑，鴆酒止渴；非不暫飽，死亦及之。

夫心起於善，善雖未為，而吉神已隨之；或心起於惡，惡雖未為，而凶神已隨之。其有曾行惡事，後自改悔，諸惡莫作，眾善奉行，久久必獲吉慶；所謂轉禍為福也。故吉人語善、視善、行善，一日有三善，三年天必降之福。凶人語惡、視惡、行惡，一日有三惡，三年天必降之禍。胡不勉而行之？

第三篇、〈文昌帝君陰騭文〉

帝君曰：「吾一十七世為士大夫身，未嘗虐民酷吏。

救人之難，濟人之急，憫人之孤，容人之過，廣行陰騭，上格蒼穹。

人能如我存心，天必錫汝以福。」

於是訓於人曰：「昔于公治獄，大興駟馬之門；竇氏濟人，高折五枝之桂；救蟻，中狀元之選；埋蛇，享宰相之榮。

欲廣福田，須憑心地，行時時之方便，作種種之陰功。

利物利人，修善修福。

正直代天行化，慈祥為國救民。忠主孝親，敬兄信友。

或奉真朝斗，或拜佛念經，報答四恩，廣行三教。

濟急，如濟涸轍之魚；救危，如救密羅之雀。矜孤恤寡，敬老憐貧。

措衣食，周道路之饑寒；施棺槨，免屍骸之暴露。

家富提攜親戚，歲饑賑濟鄰朋。

斗秤須要公平，不可輕出重入。奴僕待之寬恕，豈宜備責苛求。

印造經文，創修寺院。捨藥材以拯疾苦，施茶水以解渴煩。

或買物而放生，或持齋而戒殺。舉步常看蟲蟻，禁火莫燒山林。點夜燈以照人行，造河船以濟人渡。勿登山而網禽鳥，勿臨水而毒魚蝦。勿宰耕牛。勿棄字紙。

勿謀人之財產，勿妒人之技能。勿淫人之妻女，勿唆人之爭訟。勿壞人之名利，勿破人之婚姻。勿因私讎，使人兄弟不和。勿因小利，使人父子不睦。勿倚權勢而辱善良，勿恃富豪而欺窮困。

善人則親近之，助德行於身心；惡人則遠避之，杜災殃於眉睫。常須隱惡揚善，不可口是心非。翦礙道之荊榛，除當途之瓦石。修數百年崎嶇之路，造千萬人來往之橋。

垂訓以格人非，捐資以成人美。作事須循天理，出言要順人心。見先哲於羹牆，慎獨知於衾影。

諸惡莫作，眾善奉行；永無惡曜加臨，常有吉神擁護。近報則在自己，遠報則在兒孫。百福駢臻，千祥雲集，豈不從陰騭中得來者哉！

國家圖書館出版品預行編目資料

紫微斗數論鬼神 / 周星飛作.
——第一版——臺北市：知青頻道出版；
紅螞蟻圖書發行，2016.10
面　；　公分——(Easy Quick；152)
ISBN 978-986-5699-80-2（平裝）

1.紫微斗數

293.11　　105018651

Easy Quick 152

紫微斗數論鬼神

作　　者／周星飛
發 行 人／賴秀珍
總 編 輯／何南輝
校　　對／朱美琪
美術構成／上承文化
出　　版／知青頻道出版有限公司
發　　行／紅螞蟻圖書有限公司
地　　址／台北市內湖區舊宗路二段121巷19號（紅螞蟻資訊大樓）
網　　站／www.e-redant.com
郵撥帳號／1604621-1　紅螞蟻圖書有限公司
電　　話／(02)2795-3656（代表號）
傳　　真／(02)2795-4100
登 記 證／局版北市業字第796號
法律顧問／許晏賓律師
印 刷 廠／卡樂彩色製版印刷有限公司
出版日期／2016年 10月　第一版第一刷

定價 280 元　港幣 94 元

ISBN　978-986-5699-80-2　　Printed in Taiwan